TIAS

第十二辑

Remapping

Vol.12

主 编

汪 晖　王中忱

执行副主编

冯乃希

社会科学文献出版社

SOCIAL SCIENCES ACADEMIC PRESS (CHINA)

卷首语

《区域》由清华大学人文与社会科学高等研究所（Tsinghua Institute for Advanced Studies in Humanities and Social Sciences）主办。清华大学人文与社会科学高等研究所正式成立于 2009 年，以促进人文与社会科学的高等研究为宗旨，其前身是清华大学人文与社会科学高等研究中心（2006）。从世界范围来看，高等研究，特别是人文与社会科学的高等研究正在经历重要的变化。以往的高等研究完全以欧洲和美国为中心，虽然也邀请少量的其他地区的学者担任研究员，但研究方案的制定多以欧洲和美国的人文与社会科学研究为中心。在中国设立人文与社会科学高等研究所至少有下述三个方面的意义：第一，有助于将中国和亚洲地区悠久和丰富的人文学术传统带入高等研究的范畴，为当代世界的人文与社会科学研究提供新的资源和视野；第二，有助于将中国社会主义历史和改革过程的经验带入高等研究之中，为当代世界有关经济、社会和文化变迁的研究提供新的活力；第三，有助于在中国学术研究与世界其他地区的学术研究之间展开对话、交流和合作，改变目前主要以欧洲和美国为中心的高等研究格局，为中国和亚洲学者加入国际学术对话提供重要的制度前提。

高等研究所不同于中国研究所或国学研究所，它以跨学科、跨文化、跨区域、跨国界的研究为特征，致力于人文与社会科学领域基本理论的探索和突破。本集刊标题中的"区域"概念并不是一个特指的地理范畴，而是一个体现着混杂、交往、跨界和多重认同的空间概念。《区域》发表人文与社会科学各领域的论文，尤其鼓励那些立足基础研究，提出新问题、贡献新视野和方法的作品。本集刊以亚洲研究为中心，但也鼓励跨区域的研究。欢迎投稿，我们将遵循严格的评审制度，及时向作者做出回复。

Remapping

Remapping is published by the Tsinghua Institute for Advanced Studies in Humanities and Social Sciences (TIAS). First established in 2006 as the Tsinghua Center for Advanced Studies in Humanities and Social Sciences, TIAS was founded in 2009 to promote advanced studies in humanities and social sciences.

The field of advanced studies, particularly in humanities and social sciences, has been undergoing momentous transformation worldwide. Earlier institutions of advanced studies centered on Europe and the U. S.. While some scholars from beyond these areas participated as well, research projects typically pivoted on Europe and the U. S..

Hence to set up an institute for advanced studies in humanities and social sciences in China creates the following possibilities:

Firstly, to introduce the long and rich tradition of scholarly research in China and in Asia into the category of advanced studies and provide new resources and perspectives for humanities and social sciences in the contemporary world;

Secondly, to bring the experience of socialist history and reform in China into the perspective of advanced studies and inject a new dynamism into contemporary discussions on economic, social and cultural transformations;

Lastly, to promote the dialogue and cooperation between researches carried out in China and in other areas of the world in order to transform the current Europe-U. S. -centered framework of advanced studies and construct a crucial institutional premise for scholars from China and Asia to join international scholarly conversations.

An institute for advanced studies differs from institutions of Chinese studies or of "national learning" (*guoxue*). Characterized by interdisciplinary, cross-cultural, trans-regional and trans-national research, we aims at exploring and making breakthroughs in the fundamental theories of humanities and social sciences. The notion of "remapping" in the title of this series shifts our attention from specific topographic categories to a concept of space that highlights hybridity, interaction, boundary-crossing, and multiple identification. *Remapping* publishes papers spanning all fields of humanities and social sciences and encourages in particular works that are based on fundamental research and raise new problematics or adopt new methodologies. While Asian studies is emphasized, we also encourage cross-regional research. Submissions are welcome and will go through a strict peer-review process. We strive for a short review circle and provide constructive comments.

目　录

历史研究

专题演讲

CONTENTS

The Historical Research

TIAS Lectures

北京城的蘑菇云：明清易代之际 书写天启大爆炸[*]

冯乃希[**]

摘要：明清易代之际，士人围绕天启年间的王恭厂大爆炸这个奇灾进行了一系列书写。本文梳理三组历史材料：传播即时消息的官方邸报、成书于 1635 年记录北京历史文化的城市笔记，以及清初为反思明亡之失而做的历史笔记。在整个 17 世纪，士人使用了不同的文本策略来对这场灾难进行政治化。通过反复讲述并把此事件重新放置在北京不断变化的城市和政治语境里，作者表达了自己独特的政治议程。其中最重要的是对宦官魏忠贤（1568~1627）的罪名化和对东林党人的英雄化。这些 17 世纪学者的灾难叙述不仅与他们自身的政治经历密切相关，还持续地塑造了我们对晚明政治史的认知。

关键词：北京　天启大爆炸　历史书写　东林党

1626 年 5 月 30 日，即天启六年五月初六，一声巨响震彻北京。几分钟内，一个巨大的黑色蘑菇云出现在都城上空；宣武门外数千房屋化为灰烬，数千人受伤或丧命，整个城市陷入恐慌。王恭厂，也就是当时的

* 感谢出版社及期刊授权。为方便读者，正文和注释均有改动。
** 冯乃希，清华大学人文与社会科学高等研究所副教授，清华大学仲英青年学者。本文改写自 Feng Naixi, "Mushroom Cloud over the Northern Capital: Writing the Tianqi Explosion in the Seventeenth Century." *Late Imperial China* 41: 1（2020）: 71－112. © 2020 Johns Hopkins University Press and the Society for Qing Studies. Reprinted with permission of Johns Hopkins University Press。

皇家火药厂，发生了爆炸。这是明朝末年在北京发生的最耸人听闻的公
共灾难。① 这场奇灾发生之时，正值东林党士人与阉党魏忠贤（1568～
1627）等政治斗争最为激烈的阶段。在北京和江南地区，双方出现了流
血冲突，而东林党数位官员被判决处死让斗争更加白热化。② 这场恰巧
在政治紧张时刻发生的大爆炸吸引了当时众多学者，也频繁出现在 17
世纪明清易代之际的笔记当中。

有关天启大爆炸的最早记录出现在一份邸报中。邸报曾是明代在官
僚系统和社会上传递重要消息的主要媒介之一。多位晚明士人把这份记
录传抄保留在各类笔记当中，并题以"天变邸抄"。③ 1635 年，在《帝京
景物略》（以下简称《景物略》）这本系统记录北京历史文化的专著中，
刘侗（1593～1636，1634 年进士）、于奕正（1597～1636）引鉴了许多邸报细
节，把这场爆炸还原在当时的城市环境中。④ 17 世纪中叶明代灭亡后，一
大批学者相继通过历史笔记的写作严肃反思明亡之社会政治根源。⑤ 在

① 《明熹宗实录》71：5（天启六年五月初六），《明实录》，中研院历史语言研究所 1967
年版；耿庆国、李少一编《王恭厂大爆炸》，地震出版社，1990；刘志刚《天变与党
争：天启六年王恭厂大灾下的明末政治》，《史林》2009 年第 2 期，第 115～123 页。
② 有关东林党和阉党党争的历史，参考 Harry Miller, *State Versus Gentry in Late Ming Dy-
nasty China, 1644–1699*（New York：Palgrave Macmillan, 2009），pp. 95–136；John
Dardess, *Blood and History in China: The Donglin Faction and Its Repression, 1620–1627*
（Honululu：University of Hawaii Press, 2002）；小野和子《明季党社考》，上海古籍出
版社，2006；谢国桢《明清之际党社考》，中华书局，1982；孟森《明清史讲义》，
中华书局，1981，第 293～316 页。
③ 天启大爆炸的邸报被转抄在金日昇《颂天胪笔》、黄煜《碧血录》和计六奇《明季
北略》当中。日期最早的是发于 1629 年的赞颂崇祯登基的《颂天胪笔》，见金日
昇《颂天胪笔》，台北学生书局，1986。金氏的文章是最长，也可能是最完整的版
本。本文中，我使用金氏的《天变邸抄》为本。《碧血录》是黄煜为纪念被魏忠贤
戕害的朝臣所作，具体年份不详，但根据序言及文本内对皇帝的尊称，应成书于明
末。《天变邸抄》见《碧血录》，《笔记小说大观》第 7 卷，江苏广陵古籍刻印社，
1983，第 171～199 页。1670 年计六奇著《明季北略》亦收该邸抄，但内容有改动，
见计六奇《明季北略》，中华书局，1984，第 73～76 页。
④ 刘侗、于奕正：《帝京景物略·火神庙》，上海古籍出版社，2021，第 66～67 页。
⑤ 有关清代早期对亡明之反思的研究，参考 Lynn Struve, "Huang Zongxi in Context：A
Reappraisal of His Major Writings," *Journal of Asian Studies* 3（1988）：474–502；David
Der-wei Wang and Shang Wei, eds., *Dynastic Crisis and Cultural Innovation: From the Late
Ming to the Late Qing and Beyond*（Cambridge：Harvard University Press, 2005）；Wai-yee
Li, "The Representation of History in *The Peach Blossom Fan*," *Journal of the American O-
riental Society* 3（1995）：421–33。

《明季北略》（1670）里，计六奇（1622~？）把天启大爆炸描述成东林士人对抗阉党之英勇“义举”的见证。同时，在《绥寇纪略》（1658）里，吴伟业（1609~1671）进一步加强了这场灾难的宇宙学解释（cosmological interpretation），把它表述成一种上天的警示，预示着明朝的灭亡。

伴随明清朝代更迭的社会变迁，政治上支持东林党的作家一直在努力加强这场灾难和朝廷政治之间的关系。在对同一事件看似重复的记叙中，他们在各种文学体裁内颇有技巧性地调整文本，从而表达自身特殊的政治议程——其中最重要的是魏忠贤这一人物的罪名化（criminalization）。本文将梳理 17 世纪有关天启大爆炸的各类叙述——邸抄、《景物略》和历史笔记——并分析将灾难进行政治化的不同的文本策略。对天启大爆炸的重述和重构如何作用于这些历史构建？这场奇灾的本地环境（local setting）在多大程度上干预了记叙，进而影响了人们对历史人物行为动机的理性认识？下文将检索各位作者的文本策略，尤其是在北京城市背景下如何叙述暴力与死亡，并讨论这场灾难在塑造明代政治历史叙述中所发挥的作用。

一　邸抄：即时性的力量

邸报在推行之初是在各级官僚机构之间传递信息的方式，旨在让各级官员熟悉国家政事与官府要闻。[①] 从现存规模最大的邸报集《万历邸钞》中可见，明代邸报的主要内容是皇帝御旨与朝廷政令，大多强调官制事项，如官员升降、军事外交事件等，但邸报有时也会发布有关自然

[①] 多位学者对邸报的文本性质、社会功能、历史价值、实践方式和流通渠道做出过研究。参考尹韵公《中国明代新闻传播史》，重庆出版社，1990；Shang Wei, “*Jin Ping Mei Cihua* and Late Ming Print Culture,” in *Writing and Materiality in China: Essays in Honor of Patrick Hanan*, eds. Judith Zeitlin and Lydia Liu（Cambridge：Harvard University Press, 2003), pp. 187-238；刘勇强《明清邸报与文学之关系》，《学人》1992 年第 3 期，第 437~464 页；Timothy Brook, “Communications and Commerce,” in *Cambridge History of China: The Ming Dynasty, 1368-1644*, Part 2, eds. Denis C. Twitchett and Frederick W. Mote（Cambridge：Cambridge University Press, 2008), pp. 579-770。

灾害的信息。① 邸报的读者也不限于官员，平民百姓也常有机会查询邸报以便了解时事。② 相应的，政府信息的传播为邸报带来另一种功能：影响公众对朝廷事务的认知（或阐释）并以类似今天现代媒体的方式生成特定的公共舆论。也正因为与政务的密切关系，明代士人们热衷于抄写这些资料并把它们保存在日记和文集中。③

《天变邸抄》成文于 1626 年的夏天，正是这份报道把天启大爆炸的消息带向全国。这份邸抄有两处明显区别于传统邸报的特征。首先，它并不包含御旨政令，而是用大量篇幅描写人们在灾难中的痛苦经历；其次，这份文本呈现了在城市各地点发生的一系列怪异事件，营造了一种恐慌的氛围。这种志怪式的书写与其他邸报中对灾难的扼要表述形成鲜明对比。④ 这些对大爆炸引起的混乱场景的详细描写看似专门设计，以激起读者的恐惧和不安。虽然我们无法断定谁是《天变邸抄》的作者，但很显然他在政治上是反对阉党的。笔者认为，《天变邸抄》中那些非同寻常的描写正是对这场灾难进行政治化的手段，其目的之一是向朝廷施加压力，以便东林党人之生存。

1604 年春，顾宪成（1550~1612）和高攀龙（1562~1626）在江苏无锡成立东林书院，重讲理学以期振奋士人义气。⑤ 在接下来的几年

---

① 尹韵公：《略论万历邸抄》，《新闻研究资料》1989 年第 1 期，第 75~90 页。Timothy Brook，"Communications and Commerce，" pp. 638-639.

② 有学者认为邸报创设了一种新的阅读体验，使得读者能同时浏览不同的情节线，而这或许部分地解释了明代通俗小说和日用类书的兴盛。参考 Shang Wei，"*Jin ping mei cihua* and Late Ming Print Culture，" in *Writing and Materiality in China: Essays in Honor of Patrick Hanan*，eds. Judith Zeitlin and Lydia Liu（Cambridge：Harvard University Press，2003），pp. 187-238. 有关非线性的"空间性"阅读体验，参考 He Yuming，*Home and the World: Editing the "Glorious Ming" in Woodblock-printed Books of the Sixteenth and Seventeenth Centuries*（Cambridge：Harvard University Press，2013）（中译本：何予明《家园与天下：明代书文化与寻常阅读》，中华书局，2019）。

③ 国家图书馆现藏一份刊行于 1580 年的邸报原件，题为《急选报》。这是目前可见最早的原始文档。有关明代士人抄写邸报的研究，参考尹韵公《明代邸报与明代历史》，《新闻大学》1997 年第 3 卷，第 79~81 页。

④ 例如，在《万历邸钞》中有很多对自然灾害的描述：干旱和洪水（见《万历邸钞》，台北学生书局，1968，第 822 页）、地震（第 1094 页）和火灾（第 1732 页）等，但这些描写通常很短。有关邸报中灾难描写的研究，可参考尹韵公《略论万历邸钞》，《新闻研究资料》1989 年第 1 期，第 78~81 页。

⑤ Harry Miller，*State Versus Gentry in Late Ming Dynasty China*，*1644-1699*，pp. 95-104.

中，东林社发展成一股重要的政治力量，并越来越多地开始影响民众对朝政的看法。在强调道德正义的同时，东林士人也引发了各方力量的反对，那些与东林政见不同者往往被归于"阉党"。① 1624～1627年，东林和其他各势力之间的斗争达到顶峰。② 正是在王恭厂爆炸之日，四名东林官员——周顺昌（1584～1626）、周宗建（1582～1626）、缪昌期（1562～1626）和李应昇（1593～1626）——在监狱中遭到迫害。学者刘志刚指出，当时的官员迅速抓住大爆炸的机会，利用其政治潜力去实现各种目的，例如推进当时财政改革、迫使皇帝释放关押的东林士人等。③ 在这样的政治乱局里，《天变邸抄》含蓄地批判了阉党并把矛头指向了魏忠贤。

与现代新闻报道类似，《天变邸抄》开头简短介绍事件经过，之后列举现场情状，提供了关于爆炸的第一手记载。该邸报先记载时间地点，又记录钦天监占语："地鸣者，天下起兵相攻，妇寺大乱。"④ 接下来37条短文展现了城市各个地点的异象。巨大的混乱冲击了北京城从王恭厂到周边郊县的广大区域。从最幽闭的皇宫到畿辅县村，从世俗世界的官府衙邸到敬重神灵的寺庙宫观，无一不牵涉其中。北京的空间结构在叙述层面对爆炸进行政治化。符号性含义和城市各景观之间的相对位置被用来强化这种痛苦与恐怖的氛围。具体而言，对日常空间的陌生化处理进一步夸大了灾难的恐怖感，突出了人目击神灵活动的交接空间，进而强化一种对灾难的宇宙学解释。

在王恭厂上空腾起的黑色蘑菇云制造了非同寻常的城市景象："遥

---

① 天启时期朝廷中曾形成一个松散的反对东林士人的政治集团，被称为"阉党"，魏忠贤被认定为其领袖。有历史学者认为，两党之间看似水火不容的区隔其实有时是模糊的，甚至流动的。我们今天很难勾勒反东林集团的清晰图景，因为大部分史料都试图去强化他们的负面角色。参考 Harry Miller, *State Versus Gentry in Late Ming Dynasty China, 1644-1699*, pp. 106-112。

② 历史学者提出，斗争始于1624年7月，杨涟（1572～1625）上疏天启皇帝，列出"二十四大罪"弹劾魏忠贤。在此之后，包括杨涟在内，一批东林党人遭到逮捕和杀害。John Dardess, *Blood and History in China*, pp. 72-100; Harry Miller, *State Versus Gentry in Late Ming Dynasty China*, pp. 121-123。

③ 刘志刚：《天变与党争》，第121～122页。

④ 《颂天胪笔》，第3214～3215页。

望云气，有如乱丝者，有五色者，有如灵芝黑色者，冲天而起，经时方散。"① 这种不祥但生动的景象构成了一个后人频频回顾的空间坐标。对北京当地居民而言，王恭厂所在街区正是朝廷法制与军事力量的集结处。宣武门以北有六部之中唯一不在皇城棋盘街的刑部，还有都察院、大理寺、九司及三法司。这一地区不但是管理人间社会秩序的机构所在，还有都城隍庙这一管理全国各地城隍庙并监察地下世界的"超级法庭"。这一象征王朝正义的地区发生爆炸，震动了在京的所有官员和居民，立即引发了朝廷日常公务的停摆。②

读者能从邸抄中提及的地点意识到财产损失之巨和人员伤亡之多：

> 东自顺城门大街，北至刑部街，长三四里，周围十三里尽为齑粉，屋以数万计，人以万计。王恭厂一带，糜烂尤甚，僵尸层叠，秽气熏天，瓦砾盈空，而下无从辨别街道门户。伤心惨目，笔所难述。震声南自河西务，东自通州，北自密云、昌平，告变相同城中。即不被害者，屋宇无不震裂，狂奔肆行之状，举国如狂。③

最值得注意的是，邸报的叙述通过描写受害者的肉体痛苦而把日常城市空间，尤其是街景，变得奇怪而陌生。首先，血腥的身体部位掉落全城。比如，第 32 条：

> 长安街一带，时从空飞堕人头，或眉毛和鼻，或连一额，纷纷而下。大木飞至密云石驸马街，有五千斤，大石狮子飞出顺城门外。④

又如第 36 条：

> 德胜门外堕落人臂、人腿更多。⑤

---

① 《颂天胪笔》，第 3214 页。
② 《明熹宗实录》，第 71 卷，第 7~8 页（"天启六年五月初八"）。
③ 《颂天胪笔》，第 3213~3214 页。
④ 《颂天胪笔》，第 3226 页。
⑤ 《颂天胪笔》，第 3228 页。

在这两条记录中，人体成为无数碎片，爆炸所引发的强大冲击波轻易地把人体分解，以匪夷所思的方式把碎片带往全城：它们飞越了一道道城墙和层层宫禁，最终掉落在距离王恭厂很远的地方。北京城庄严肃穆的地标——紫禁城外的长安街和北城墙高耸的德胜门——都变成怪异的场所。

《天变邸抄》还通过一种对女性受害者的偷窥式描写，揭示了日常生活秩序的突然失效。这些女性因爆炸而突然在公共空间里变得赤身裸体。例如，第6条讲述了官员何廷枢家中女眷经历的怪事：

> 屯院何廷枢全家，覆入土中，长班俱死。屯院内书办雷该相与持锹锸，立瓦砾上，呼曰：底下有人可答应。忽应声：救我！诸人问曰：你是谁？曰：我是小二姐。书办知是本官之爱妾，急救出，身无寸缕，一书办脱大襦裹之，身无裙裤，骑驴而去，不知所之。[1]

何廷枢（1619年进士）是魏忠贤党人，天启帝（1620~1627年在位）曾在1627年奖励一众魏氏亲信，何廷枢名列其中。然而崇祯帝即位后，在1629年清洗阉党时罢免了他的御史之职。[2] 这个故事或许是想影射何氏在朝廷中颇有问题的立场。何家的宅院被彻底摧毁，除了这位爱妾，他的家人全部罹难。而当这个可怜的女人被救，她的裸体又非常奇怪地变成了叙述的焦点。

还有另外两条突出呈现了街上的赤裸女性：

> 圆宏寺街有女轿过，一响掀去轿顶，女人衣饰尽去，赤体在轿，竟亦无恙。[3]

> 有一人，因压伤一腿，卧于地，见妇人赤体而过，有以瓦遮阴

---

[1] 《颂天胪笔》，第3217页。
[2] 《明熹宗实录》，87：17（"天启七年八月十二"）；《崇祯长编》，17：19-22（"崇祯二年正月二十一"）。
[3] 《颂天胪笔》，第3226页。

户者，有以半条脚带掩者，有披半边裤子者，有牵一幅被单者，顷
刻得数十人，是人又痛又笑。①

为何这种爆炸会让女性在毫发无伤的同时裙带尽失、一丝不挂?②
在帝国晚期的自然灾害记录中，裸体并不少见，但《天变邸抄》仅仅
关注年轻女性的裸体，而忽略了男性、儿童或老年妇女等。③ 对这些场
景的描写意味着都城的日常生活被灾难打乱。邸抄中，王恭厂的爆炸使
得原本管理森严的街道成为众人快速聚集又迅速离散的流动区域，使得
人们的日常惯习受到干扰。人们有机会看到平时被遮蔽的物品，并玩味
女体禁忌。诚然，观察者也付出了代价——腿伤卧地。这名男子"又痛
又笑"，正向我们提示了这场灾难带给城市的复杂效果：恐惧与不安，
但同样还有因越轨而出现的兴奋与刺激。

除了对日常空间的陌生化处理，《天变邸抄》还展现了许多居民目
睹神祇显灵的场景，体现了人间与天界的感应。这些现象成为后来学者
复述的焦点。王恭厂大爆炸激发了火神。《天变邸抄》提到，北安门附
近火神庙殿中有红球滚出，腾空而上，少顷，王恭厂震声冲天。④ 在城
市东南角崇文门附近的一座火神庙，庙祝"见火神飒飒行动，势将下
殿"，于是"忙拈香跪告曰：火神老爷，外边天旱，切不可走动!"在
推阻之间，爆炸发生。⑤ 在通州县张家湾火神庙，"积年扃锢不开，此
曰锁钥俱断"。⑥《天变邸抄》第 11 条还写到火神在城内巡游被人看到：

北城察院，此日进衙门，马上仰面，见一神人赤冠赤发，持剑

---

① 《颂天胪笔》，第 3222 页。
② 当代学者曾尝试从地理学、核科学和生化研究等领域对这些爆炸现象进行分析，但
始终无法从科学层面解释这些现象。耿庆国、李少一编《王恭厂大爆炸》，第 181~
192 页。
③ 例如，蒲松龄在《地震》一文中描写了混乱的街景，但他对裸体的处理是更为概括
的，仅提及人们来不及穿衣便逃到街上。蒲松龄《聊斋志异》，中华书局，2001，第
170~171 页。
④ 《颂天胪笔》，第 3215 页。
⑤ 《颂天胪笔》，第 3215~3216 页。
⑥ 《颂天胪笔》，第 3216 页。

坐一麒麟，近在头上，大惊堕马伤额，方在喧嚷间，东城忽震。①

许多神灵出现在邸抄中，在城中各地呼应着爆炸的发生。在城东的草场，"巡更逻卒见一白须老人忽出忽入，知是草场土地"②。在王恭厂几条街外的都城隍庙，道士"初五夜，闻殿中喧嚷叫呼，绝似唱名之声"③。城隍唱名意在审讯刚死之人，因此庙内的嘈杂预示了无数人将在隔天早上亡故。④

邸抄中不断列举北京城内的死亡、暴力和神祇显灵，呼应着爆炸激起的公众恐慌。邸报反映了一种对城市空间非常熟悉的内部者视角。对于灾难的策略性叙述既反映了一种急迫性，呼吁了人们为重建都城而努力。在大爆炸之后的几周，兵部尚书王永光（1561～1638）等人恳请天启帝发放钱粮赈灾，并修复被破坏的道路、城墙、公署等基础设施。⑤

《天变邸抄》得以创作和流通的另一个目的是批判时政并向朝廷施压。多位朝廷官员利用这些超自然现象来劝诫皇帝并达成自己的目的。当时的御旨政令显示，各类官员——包括有些与魏忠贤交好的——出于各种目的在爆炸之后迅速展开对魏忠贤的批判。这份邸抄完成于魏忠贤权势正盛之时，隐晦地表达讽刺。这些奇异的场景证明了都城里世俗秩序和宇宙秩序的双重衰颓。对怪异的强调营造了不祥的氛围。建筑与设施的损毁、人体的肢解和女性身体的裸露都把帝都转化成一个怪异之地；而神灵的异常活动似乎预示了安稳日子一去不返。这些故事促使读者发问人间究竟出现了什么偏差，是什么导致了大灾，又如何才能解决问题。在1626年之后的岁月，士人们不断地复述重写这场灾难，在他们对天启年间政治的回顾中，东林党人成为同情的对象，而东林之敌则成了历史的罪人。

---

① 《颂天胪笔》，第3220页。

② 《颂天胪笔》，第3221页。

③ 《颂天胪笔》，第3223页。

④ 有关城隍信仰，参考 David Johnson，"The City-god Cults of T'ang and Sung China," *Harvard Journal of Asiatic Studies* 2（1985）：363-457。

⑤ 《明熹宗实录》，第71卷，第7~8页（"天启六年五月初八"）。

二 《帝京景物略》：把灾难写进地方史

王恭厂大爆炸并没有让魏忠贤落马。1626 年后，伴随士人官员在都城重建和释放东林党人问题上的复杂协商，天启帝对他们越发无法信任，反而更加倚重魏忠贤。皇帝与宦官在权力上高度结合，最终决定处决羁押之中的东林官员。① 1627 年秋，天启帝因病去世，他的弟弟朱由检登基，成为崇祯帝。在巨大的政治压力下，魏忠贤选择自杀。但他的死亡并没有终结朝廷各派斗争，反而使各派之间的敌意越加深重。

1626 年起，历史笔记与各类杂著中开始出现王恭厂大爆炸的纪闻。② 大约九年后，在《帝京景物略》一书中，刘侗和于奕正正式把这场灾难写入北京的地方历史。③ 在《火神庙》一文中，作者把北京的空间性当作一种修辞装置，重写了《天变邸抄》中的内容。他们的作品呈现了另一种政治化方式。通过把宦官的负面形象搬上文本前台，他们在宦官的错误行为和这场灾难之间创造了因果性的联系。

在崇祯执政的最初十年，身在北京的士人见证了朝廷力量的衰退，并且焦虑地感到来自内政和外交的多重压力。刘侗，湖北麻城人，从 1629 年开始在北京暂居达五年，1634 年中进士，之后派任吴县知县。于奕正，宛平人，对北京的历史和时事都十分熟悉。1629 年冬，皇太极（1626~1643 在位）对明朝开战。清军与明军在北京周边发生冲突，

① 很多历史学家把天启帝描述成一个懦弱无知、被魏忠贤操控的傀儡，例如 John Dardess, *Blood and History in China*, pp. 141-144。刘志刚却认为皇帝本人其实颇有主动性，能积极利用各派势力增强自身对朝政的影响。刘志刚《天变与党争》，第 120~122 页。同样，Miller 也指出，所谓"魏忠贤独裁"夸大了魏的力量，这种指责正是其政敌所宣扬的。Miller, *State Versus Gentry in Late Ming Dynasty China*, p. 129。

② 刘若愚曾简要提及天启大爆炸，见刘若愚《酌中志》（约 1630 年），北京古籍出版社，1994。在《玉镜新谭》，朱长祚回顾了天启晚期、崇祯早期魏忠贤的活动。王恭厂大爆炸被记录在专述自然灾害的一章中，见《玉镜新谭》，中华书局，1989，第 77~78 页。在 17 世纪中期成书的佚名小说《梼杌闲评》中，大爆炸构成了第四十回的背景，预示了后来魏忠贤的倒台。《梼杌闲评》，人民文学出版社，1983，第 446~454 页。对魏忠贤文学的介绍，参考 Keith McMahon, "The Potent Eunuch: The Story of Wei Zhongxian," *Journal of Chinese Literature and Culture* (2014): 1-28。

③ 对《帝京景物略》的介绍，参考王灿炽《帝京景物略及其作者考》，《北京社会科学》2006 年第 4 期，第 54~60 页。

给当地带来混乱。① 刘侗和于奕正感受到一种系统书写北京历史、保存国家的文化记忆并反思王朝过去的迫切性。1635 年冬，他们完成了《景物略》这部明代最完整也是最后的北京专书。在写作过程中，他们不仅展开了广泛的文献搜集整理工作，还在城市内外进行实地调查，以记录各处的最新情况。② 他们对历史文献和城市现状非常熟悉，创造了一种独特的写作方式，他们在介绍名胜的同时，在城市空间的背景下，叙述和评议特定历史事件。这样一来，他们改写了早已存在的文本，通过看似中立的追述表达自己的观点。

刘侗与复社众多成员交好，自然也对东林党抱有极大的同情。③ 张溥（1602~1641）延续东林精神于 1629 年建立复社。复社在明清易代之际十分活跃，从一个文学学术社团迅速演变成一股不可忽视的派系力量。《景物略》最终成书于作者逗留南京期间，之后刘侗便赶去苏州赴任。因此，这本书的视角杂糅了内在者的北京知识和基于江南的东林/复社的外来者的社会批判。作者或许是怕被牵连，所以使用一种非常克制的写法来隐藏自己的观点，同时相信那些独具慧眼的读者能辨识出文中的赞扬、讽刺和批评。于奕正在略例中写道：

> 山川记止夷陵，刹宇记止衰盛，令节记止嬉游，园林记止木石。比事属辞，不置一褒，不置一讥。习其读者，不必其知之，言外得之。④

遵照这样的逻辑，《火神庙》一文对王恭厂大爆炸进行了重新叙述。《火神庙》开篇介绍了该庙的建造历史、建筑布局以及现场所保留的石刻。其中提到，自 1603 年以来，由于宫廷火灾频发，此庙一直不断接受皇家供养。这篇文章的叙述从北安门太监的视角切入，改写了

---

① Twitchett and Mote, eds., *Cambridge History of China*, pp. 616 - 617; Peterson, ed., *Cambridge History of China*, pp. 53 - 54.

② 《帝京景物略·略例》，第 1 页。

③ 虽然没有直接证据证明刘侗参与复社活动，但其好友如谭元春等都与复社密切相关。参考吴国平《竟陵派与明代文学批评》，上海古籍出版社，2004，第 15~25 页；张永刚《东林党议与晚明文学活动》，中国社会科学出版社，2009，第 165~189 页。

④ 《帝京景物略》，第 3 页。

《天变邸抄》第 2 条的内容：

> 天启六年五月初六日巳刻，北安门内侍忽闻粗细乐，先后过者三，众惊而迹其声，自庙出。开殿审视，忽火如球，滚而上于空。众方仰瞩，西南震声发矣。①

文章继续描写蘑菇云的奇状，总结了灾难带来的惨象："望其光气，乱丝者，海潮头者，五色者，黑灵芝者，起冲天。王恭厂灾也。东自阜成门，北至刑部街，亘四里，阔十三里，宇坍地塌，木石人禽，自天雨而下。屋以千数，人以百数，燔臭灰眯，号声弥满。死者皆裸，有失手足头目，于里外得之者，物或移故处而他置之。"② 最后以《天变邸抄》中火神焰焰欲起的情节结束。

《景物略》还记载了北京城频繁发生的火灾：1596 年，皇极殿、乾清宫、哕鸾殿遭火；1626 年，王恭厂爆炸，几个月后曾是永乐潜邸的朝天宫又大火。火神庙作为执掌火焰并沟通人间与神界的特殊空间，成为天启大爆炸事件的叙述中心。刘侗和于奕正虽然参考了邸抄，但有意略去了其中过分怪诞、肉肢横飞和赤裸女性的诸多情节。他们试图呈现大爆炸的历史事实，而非添油加醋兴味盎然地谈论街头乱象。

同样消失在《火神庙》一文中的，是邸抄里平行并置的场景视角。《景物略》的作者把邸抄里的不同场景编织到一个连续的叙述中，而且更重要的是，把这些叙述严格锚定在宦官的视角上。对照明代北京城的布局，我们就更能读懂这些只言片语背后的深层含义。文章从皇城北墙北安门附近的太监讲起。北安门坐落于帝都中轴线北部，在其正南方的是帝国的中枢：除刑部之外的其余五部（礼、兵、吏、工、户）和军都督府等军事机构。更有趣的是，北安门一带是内监执掌的各部门所在地，如内官监、司设监、尚衣监以及晚明政治版图中最有特权的机构——司礼监。这些内监部门的总领，无论"秉笔太监"还是"掌印太监"，都是朝廷里的特殊力量：他们不仅是宫廷内务的实际总管，还是东厂、西厂等监察机构的统领者。在天启年间，东厂秉笔太监魏忠贤实际上也控制

---

① 《帝京景物略》，第 67 页。
② 《帝京景物略》，第 67 页。

了锦衣卫，并借由这种权力开始对东林党人进行秘密处置。回到《火神庙》一文，正是太监们打开殿门使火球飞出，引发了大爆炸。

为何作者故意设置内监为唯一的行动者，并从地安门的空间开始讲述这场灾难呢？从皇城出发，能不露痕迹地掠过那些街头乱景。更重要的是把火球逸出的某种罪责放置到内监身上，从现象上构建一种逻辑联系。文章最后火神试图出殿被庙祝阻拦，似乎也在暗示神灵试图干预某些人间事务。作为"言文旨隐"的作品，《景物略》一直试图隐藏作者的主观意见和批判态度。虽然它看似城市名胜的导览之作，但实际上，晚明作者在写作过程中积极实践着他们所理解的"春秋笔法"，以伸张"微言大义"，也即在简洁客观的陈述中置入隐含批评。①

《景物略》中的其他文章也显示出这样的写作逻辑。在其他诸篇中，刘侗和于奕正常将阉党与名胜之地发生的乱事结合起来，建筑的损毁往往是某种批评的隐喻。例如，《首善书院》一文记载东林学者邹元标、冯从吾在北京创办学院，宣讲理学和士人政治理念的事迹。全文主要内容是复述邹、冯二人语录，但在篇末，刘侗的叙述突然转向书院在魏忠贤（1568~1627）掌权时期的遭遇："崔（呈秀）、魏（忠贤）盛，党祸深"，书院惨遭拆除，"乃碎碑，暴其碎于门外，乃毁先圣主，焚弃经史典律于堂中。院且拆矣"②。又如《摩诃庵》一文，上半段追忆万历年间京城士大夫在此观花作诗乐事，结尾处突然转向此地发生的暴力事件：魏忠贤偶然经过此地，见士人聚集，命令拆毁寺院建筑，自此"人相戒不过"，该寺渐渐衰落。③

总结而言，《景物略》巧妙地改动了《天变邸抄》中城市空间的叙事功能，通过宦官视角的再叙述，发展了一种新的文本政治化策略。把邸报中的不同场景重新排序，在新的情节序列中建立历史人物与事件的联系，进而含蓄地对宦官进行批评。隐藏自身观点，不仅是避免灾祸的理性选择，也是创立更具可信度的历史叙述的方法。天启大爆炸正是以

---

① 韩书瑞（Susan Naquin）在其著作中曾简要介绍《景物略》作为旅行导览的不足之处，参考 *Peking: Temples and City Life*, *1400-1900*（University of California Press），pp. 254-255。

② 《帝京景物略》，第 218 页。

③ 《帝京景物略》，第 308 页。

这种方式进入了北京的地方史，并与明末党争深深绑定。

三　火中烈士：东林传奇的写成

1644 年明朝灭亡，历经丧乱的学者们纷纷回顾易代之际的诸般事件，试图找寻明亡之失的根源。17 世纪后半叶出现了一波私家著史的高潮。[①] 在这一时期的著作中，几乎无一例外的，东林党被塑造成在黑暗时期勇抗宦官强权和朝廷腐败的英雄。对东林传奇的重述体现了清初文人复杂的心理状态，在深度的怅惘与遗憾中，他们痛彻心扉地批判前朝政治，同时又不可避免地缅怀故国。1670 年，计六奇撰写了《明季北略》，在这部详尽记录易代前后各类事件的重要文献中，《天变邸抄》的全文再度出现，而天启大爆炸则出现在东林士人的传记中。

在分析计六奇的编辑策略后，我们能看到这位作者是如何把天启大爆炸转变成前朝关键历史事件的，还能进一步勾勒在激烈党争中东林士人的行为是如何被戏剧化呈现的。计六奇的文本把矛头清晰地指向了魏忠贤，这位权宦在清代初年的历史写作中已经彻底成为一个臭名昭著的恶棍。计六奇简化了天启年间各党派之间的复杂互动，其中阉党与东林士人之间的协商、合作、背叛等诸多细节被表述成单纯的仇恨和报复。1626 年之后，对大爆炸的政治性解释不断累积，而计六奇则突出争斗的两极化并将之表现为无可争议的"历史事实"。与此同时，北京城市空间的微妙性从易代之后的文本中消失了。计六奇从未到过北京，主要依靠各类典籍来写作，于是北京的城市空间背景在叙述中被弱化，都城最终变成一个文学的符号，象征着远去的王朝。

《明季北略》中《天变邸抄》的位置清晰地建立了魏忠贤与大爆炸之间的联系。在计六奇作品之前，还有两份晚明笔记收录这份邸抄并分别传递了编者的政治考虑。1629 年的《颂天胪笔》创作于崇祯暂时平息朝廷党争之时，而作者正在用此书歌颂新朝秩序。此书中《天变邸抄》以附录形式出现在最后一卷，作为对天启朝混乱状况的说明。1626 年的《碧血录》是为纪念同年牺牲的东林学者而作，作者黄煜收录了

---

①　参考阚红柳《清初私家修史研究》，人民出版社，2008。

二十条东林士人的传记以及他们的诗文。这本书在晚明一直以抄本形式流传，直到 1776 年才得以刊刻。书题"碧血"二字源自《庄子》："苌弘死于蜀，藏其血，三年而化为碧"，意在颂扬忠臣。邸抄也以附录形式出现，题为"天变杂记"，而更值得注意的是另一份附录题为"人变述略"，记载了苏州民众义抗阉党的事迹，并纪念了五位为保护周顺昌而牺牲的义士。① "天变"与"人变"暗示了一种彼此呼应的关系，发生在北方都城里的天灾与江南市镇中的人祸构成了对照。换句话说，这两者都是对魏忠贤暴政的反映。爆炸是天的警告，而苏州的义举就代表着人间的谴责。

《明季北略》成书于 1666~1670 年，计六奇把天启大爆炸放置在新的叙述结构中，这完全不同于早期的《颂天胪笔》和《碧血录》。《明季北略》综合了纪传体和编年体这两种史学体例，把历史事件按照时间顺序叙述，同时记载重要历史人物的生平。计六奇把《天变邸抄》从附录位置取出，把它编在全书第二卷。在这卷的开头，读者首先看到周顺昌等勇于反抗魏忠贤的东林烈士的传记，之后是魏忠贤上疏弹劾东林人的奏折等文书，还有两个故事讲述了魏忠贤的情人客氏作为天启皇帝乳母如何谋害朝臣和嫔妃。② 紧随其后，当读者读到天启大爆炸的记录，这场灾难与当时政治问题之间的联系已经完全确立了。计六奇的编辑策略改变邸报在历史叙述中的位置，从一个补充说明历史事件的注解式附录变成一个主体叙述中的重要场景。

相比之前的两部笔记，《明季北略》对天启大爆炸的展现还有更多细节改动，这些都直接传递了政治性的信息。《天变邸抄》中描写女性身体的赤裸情节完全消失，而其他涉及神灵的部分保持不变。另外，魏忠贤本人在钦天监一条中出现。在最早的邸抄中，钦天监提供了一个占语："地鸣者，天下起兵相攻，妇寺大乱"，而魏忠贤和东林士人的名字都没有出现在正文中。但在《颂天胪笔》里出现了夹批"魏忠贤即时打死此官"，这样就把阉党拉进叙述，勾勒灾难的原因。③ 计六奇则

---

① 黄煜：《碧血录》，第 191~195 页。Dardess 也在其著作中介绍了这五位义士的事迹，*Blood and History in China*，pp. 110-112。

② 计六奇：《明季北略》，第 56~70 页。

③ 《颂天胪笔》，第 3215 页。

进一步改编，把夹批放入正文，放大了派系之间的对抗。《明季北略》中出现了这样的细节："魏忠贤谓妖言惑众，杖一百，乃死。"① 这种对魏忠贤更加具象化的表现，介绍钦天监官员受刑程度，进一步突出了阉党的残酷。

计六奇还把天启大爆炸融入东林士人的传记中，以增强士人行为的崇高感。周顺昌被捕后于 1626 年到达北京，在五月初一下诏狱。许显纯（？～1629），魏忠贤亲信，当时掌管锦衣卫秘密监狱并全程刑讯周顺昌。② 在周顺昌传记中，计六奇描述了如下戏剧性的场景，天启大爆炸恰如其分地成为一个干扰刑讯的事件：

> 公谓所知曰：今我赴都必死，死则诉高皇帝速殛元凶。□□公至都，下狱，对薄不屈，强坐赃三千，即欲杀公。天意示儆，火起王恭厂，奉旨停刑。六月酷暑，复五日一严比。公大骂许显纯。显纯将铜锤击公齿，齿俱落，公犹极骂喷血于显纯面，遂死。③

故事的基本情节——下狱、受刑，以及溅血凿齿——可以在《颂天胪笔》的周顺昌传中看到。④ 同样在周顺昌亲友的纪念文中也可以看到这位烈士身受酷刑与天启大爆炸之间的某种关联。⑤ 在 1628 年前后，胡敬辰（1622 年进士）这样描写周顺昌生前遭遇：

> 方先生初逮时，地以震变告，比于狱，天以王恭厂火雷之变告，屡讯搒略，天又以雨雹之变告。⑥

这些纪念文章一定程度上改变了周顺昌之死的叙述逻辑。实际上，东林士人最初试图利用大爆炸的契机劝谏皇帝释放羁押人士，而周本人

---

① 《明季北略》，第 73 页。
② 许显纯于 1629 年被崇祯帝处死。《崇祯长编》卷 17，第 20 页。
③ 《明季北略》，第 58 页。
④ 《颂天胪笔》，第 1004 页。
⑤ 例如，在张溥为周顺昌撰写的墓志中就有类似表述，见张溥《赠太仆寺卿周公来玉墓志铭》，《七录斋诗文合集》，《续修四库全书》册 1387，中华书局，1984，第 355～358 页。
⑥ 胡敬辰：《周蓼洲先生传》，第 422 页。

还尝试筹措银两将自己赎出。① 但天启帝对此置之不理并且最终默认了对周顺昌的致命刑讯。政治中的博弈与反水在这些叙述中全部消失了，但有关爆炸的一种新解释确立了。周顺昌之死被放进了这样的因果链条中：魏忠贤对正直的东林士人发起迫害，触怒上天，之后大火烧城以示警诫，但魏忠贤还不收手，最终拷问周至死。

《明季北略》还进一步强化两个阵营的冲突。这种写作策略与《景物略》完全不同，在字里行间充斥着强烈的情绪。计六奇把当时笔记小说中的大量信息放入《明季北略》。历史事件的细节中往往有着明显的戏说成分。② 计六奇来自东林书院创始地无锡，他的视角是来自江南士绅群体的，外在于北京的。在《明季北略》的创作过程中，他走访了扬州、苏州、杭州等多个江南城市，这些地方也曾经是东林士人的活动中心。他从前朝遗民那里搜集了大量资料。③ 因此，江南士人受难的冲突时刻就成了计六奇作品的主题。北京不再是一个为读者提供政治解释框架的具体城市，而是一个呈现正直的东林烈士受难的舞台。

在他为周顺昌撰写的传记中，计六奇把之前各类资料中的表述进行了综合，把爆炸放到传记中，在将之视为天意警示的同时，使之打断了对周顺昌的刑讯。这种处理增强了读者的同情，并把周顺昌身体的苦楚与一系列与燃烧和混乱有关的符号相连接。在炎炎夏日中，周顺昌被打得血肉模糊、肌肤溃烂，他的叱骂声与爆炸的巨响相互呼应。在计六奇看来，烈火不仅代表了抽象的天意，还表达了周顺昌、他的纪念者以及所有参与1626年抗议的人的怒火。根据计六奇的描述，魏忠贤高高在上，滥用权力清洗异党；本该平衡各方的皇帝却完全置之不理。于是上天介入，以爆炸和大火迫使拷问暂停。

四　尾声：燃烧城市、燃尽前朝

清代初年，伴随东林士人正直忠义形象的最终确立，天启大爆炸开

---

① 朱祖文：《北行日谱》，上海商务印书馆1935年版，第8页。参考 John Dardess, *Blood and History in China*, pp. 108-112。

② 张平仁：《明季北略明季南略对时事小说的采录》，《文献》2004年第3期，第185~192页。计六奇所引用的具体篇目，参考《明季北略》，第738~744页。

③ 《明季北略》，第733~736页。

始成为预示明朝灭亡的凶兆，进入了朝代循环的一节。根据这样的逻辑，复社的核心成员、著名遗民诗人吴伟业把这场灾难编织到明末社会秩序衰退的整体性讨论中。在《绥寇纪略》中，吴伟业系统地记录了崇祯年间各地的兵祸和冲突，并尝试从这段历史中找寻明亡的经济、军事和历史原因。他利用了"火"这一意象：威胁都城的真实大火预示了王朝的悲剧，隐喻中的大火——集中体现在祸乱朝政的官宦身上——则最终烧毁了整个帝国。

1631~1639 年，吴伟业在北京担任官职。① 1644 年，当农民起义军和清军相继占领北京时，吴伟业正在家乡江苏太仓。同年秋天，在短暂任职南明朝廷后，吴返回太仓，并在附近的几个县市躲避灾祸。② 1654 年，清廷召见吴伟业，这是明亡后他第一次返回北京。③ 值得一提的是，1649 年底北京的城市空间发生了巨变，满汉分治，内城成为旗人独居的区域，因此在吴伟业再访北京时，城内诸多衙门也都经历了改整，内城样貌大变。1656 年，吴伟业辞去国子监的官职，两年后他在家乡完成了《绥寇纪略》。在这本书中，位于天人交界之处的天子之城北京，看上去具有某种主体性，悲伤地回应着帝国的灭亡。例如，在最后一卷中，作者记录了崇祯年间出现的各种异象："陵哭""城愁""神像有泪"。④

吴伟业把北京城各处发生的火灾视为天人感应的表达。正如前文提到的，明代终其一朝，北京总是火灾多发。1421 年春，在永乐帝迁都北京并正式迁入新建的紫禁城后几个月，三座最宏伟的宫殿建筑——奉天殿、华盖殿、谨身殿——被焚为灰烬。嘉靖、万历和天启年间，火灾数量前所未有的多。1557 年，三大殿再次遭火，午门附近的建筑全部遭殃。1596~1597 年，乾清宫和三大殿再次遇火，这促使皇帝翻修了火神庙以求神灵庇佑。1626 年当王恭厂发生爆炸时，这些庙宇还在重建或修缮。在《绥寇纪略》中，吴伟业回顾了 1635~1638 年北京城发生

---

① 冯其庸：《吴梅村年谱》，文化艺术出版社，2007，第 36~37、57、60、64~65、73~74、79~80 页。
② 冯其庸：《吴梅村年谱》，文化艺术出版社，2007，第 115~116、124 页。
③ 冯其庸：《吴梅村年谱》，文化艺术出版社，2007，第 233~236 页。
④ 吴伟业：《绥寇纪略》，第 321~365 页。

的五次大火，并在注释中提到万历年间大小火灾多达 35 次。① 他评论道：

> 《易传》曰："上不俭，下不节，孽火烧其室。"东汉中平二年，南宫灵台灾，未几黄巾乱。流寇之作，即三殿两宫火灾之应也。安民厂者，以天启六年王恭厂灾而改焉者也，逆珰施炮烙以锻炼杨、左诸君子。②

吴伟业没有过多关注爆炸和火灾在城市里带来的异样景象，而是把每一次大火看成"常态化的"、无数灾难之间的一个环节。在他看来，王朝末年灾难构成的循环样式比灾难本身的细节更重要。明朝最后百年里的火灾正如东汉黄巾起义时烧毁灵台一样。而 1590 年后，微型循环出现在明朝，火灾不断发生在宫廷中，而王恭厂则一次又一次爆炸。③

除此之外，吴伟业把王恭厂大爆炸塑造成上天对东林士人受难的感应。值得注意的是，上述引文的最后，他反转了大爆炸和杨涟、左光斗死亡的时间顺序。1624 年，左都御史杨涟上书怒陈魏忠贤二十四条大罪。1625 年，杨左两人被秘密处死，此时距大爆炸还有一年。④ 但在吴伟业这里，他以杨左二人代替周顺昌等，实际上发生了时间的错位。

吴伟业还在讨论中加入了更多天启大爆炸的细节。基于《天变邸抄》，吴伟业介绍了这场灾难的大致情况。或许作者不想更多提及此时已经变更的北京城市空间，《绥寇纪略》对爆炸的叙述基本脱离了城市场所之间复杂的关系和寓意。吴伟业只选择了邸抄中的部分场景，例如都城隍庙唱名、火神庙火球飞出。⑤ 这里面还出现了另一个错误，就是何廷枢在爆炸中遇难身亡。实际上，按照邸抄记载，何的家人遇难，他

---

① 这些火灾发生在天坛、皇家库房、另一处制造火药的作坊、重建后的王恭厂以及皇家草场。《绥寇纪略》，第 344~345 页。
② 1626 年爆炸后，王恭厂改名为安民厂。《明熹宗实录》，第 71 卷，第 7~8 页（"天启六年五月初九"）。
③ 1626 年爆炸后，王恭厂改名为安民厂。《明熹宗实录》，第 71 卷，第 7~8 页（"天启六年五月初九"），第 345 页。
④ 《明熹宗实录》43：1a-2b（"天启四年六月初一"）。
⑤ 《绥寇纪略》，第 345 页。

本人则逃过一劫，在朝中任职直到 1629 年。吴伟业可能弄错了，但也可能是故意编造了何的死亡，以此作为他阉党身份的某种报应。

在回顾火灾的最后，吴伟业把"火"的字面意义和隐喻意义推到更深的层面：

> 若先皇则何为乎灾？曰：内操之未罢也，缉事衙门如董琨等，则犹许显纯之余焰也，故火之也。且安民厂所以修守备，其后寇逼京师，炮不置铅丸，贼不伤而城已陷。天意若曰：火不炎上，徒以自毙也。①

火灾成为天意不断的警示，而许显纯、董琨等锦衣卫阉党成员，成为威胁朝廷的"危火"。上述引文的最后一句来自《汉书·五行传》：

> 弃法律，逐功臣，杀太子，以妾为妻，则火不炎上。②

异火代表着政治秩序的腐坏。吴伟业的火之隐喻把火灾的问题与明朝的问题联系在一起。值得注意的是，在王恭厂事件里，朝廷无力救灾既暗示了火药厂管理的混乱，也意味着火药制造的质量低下。结果，火炮无法在关键时刻发挥作用，而军事上的无能最终导致王朝的灭亡。

在讨论了这么多所谓爆炸原因（宦官的作为、士人的受难和上天的警示）后，让我们再次检查这场灾难的元凶——火药。是谁点燃了这些易爆品，进而导致了火药厂的爆炸？回到 1626 年爆炸当天，一个名叫王业浩的御史曾向皇帝提出，根据当时塘报，皇太极派出了十名奸细，在九日前抵达京城并混迹在王恭厂附近。③ 邸抄中最初也提到"缉拿奸细"。但两天后，一些官员开始质问这种怀疑，很快就把爆炸原因导向了天人感应之说。④ 从 1626 年的明实录来看，对外来奸细的调查被搁置，甚至王业浩本人也放弃了最初的提议。由是，爆炸后所有的讨论都

---

① 《绥寇纪略》，第 345 页。
② 班固：《汉书》，台北鼎文书局，1986，第 1320 页。
③ 《明熹宗实录》第 71 卷，第 5 页（"天启六年五月初七"）。
④ 《明熹宗实录》第 71 卷，第 8 页（"天启六年五月初九"）。

持续着一种统一的语调，把爆炸视为天人秩序的混乱。而对真实原因的追查则在有意无意之间被遗忘了。

同样被忽视的是个人视角下的体验。我们几乎无法看到任何从个人经验出发的，对王恭厂大爆炸的描述。对这个灾难的每一次讨论都是高度政治化和一致的。那么我们该如何理解这种情况呢？一个诚实的回答就是我们几乎无法断定爆炸原因，因为没有任何证据可供推断。尽管如此，笔者认为还是有两个视角可以让我们进一步反思这个事件。首先，把爆炸统一解释成"天变"提示我们注意明朝末期极其复杂的权力结构。似乎只在事件刚发生的几天里，不同的声音曾短暂浮现过。也许官员们迅速意识到他们可以利用这些天人感应的解释来谋取利益：从赈灾中谋财物、攻击政敌，抑或使自己免于被诬为阉党。于是统一的口径迅速形成了。其次，所有后来的叙述都证明了《天变邸抄》这份文件实在是影响深远。它被设计成官方传播消息的样式，也确实成了最重要的、最早的信息源。无论读者是否相信其中的内容，它对奇景的描绘总能引人瞩目，也强力地塑造了所有后来者对灾难的印象。面对一个历史性的事件，人们更倾向于记住最显著的、最富戏剧性的元素，也最容易接受英雄-恶棍的善恶二分。伴随着历史背景的消逝，那些承载了复杂权力动态的微妙情节最终被忘却了。

结　论

本文从各类史料出发，分析了对王恭厂大爆炸这个历史事件进行政治化的一系列叙述策略。其中，邸报成为事件的即时记录，《景物略》是把事件纳入地方史叙述的城市笔记，而清代一众笔记史料则是对明朝历史的分析性记录。1626 年，这场皇家火药厂的灾祸给城市带来了巨大的损失，也迅速在朝廷中引发众议。作为将这场灾难的细节传播开来的《天变邸抄》，强调了爆炸本身的奇特。黑灵芝般的蘑菇云、横飞的断肢、裸体的女性以及神灵的异动，以城市的躁动不安营造了异常的气氛。邸报为后人提供了理解和再现这个事件的最基本的素材。17 世纪 30 年代，《景物略》的作者借鉴了邸报内容并代入大爆炸时的城市空间和各个场所之间的关系，小心地影射宦官政治。清朝初年，学者们频繁表达对阉党的憎恶。王恭厂大爆炸被用来复述明末政治斗争，其中，东林士人被铭记成正义的偶像，于是就带出了对两个党派的历史评价。同时，北京的城市空间性从这些晚近写作中消失，而皇城本身成为一个烈火中的文学性场所，爆炸成为明朝将亡的噩兆。

在检索众多叙述后，我们仍要追问究竟能从这场爆炸事件中得到什么。爆炸故事的写成过程让我们重新思考历史研究中笔记的功能。在有明显倾向性和高度政治化的声音背后，爆炸本身，也即爆炸过程中物理和物质的相关事实，实在无法被复原。尽管如此，通过这些叙述，我们能有机会洞察晚明政治史。大爆炸把不同时代的士人联合到一起，并加剧了他们对魏忠贤的共同憎恨。文本不仅带着有关人物和事件的历史信息，还承载着作者的个人观察和反思，这些都反映在对细节的甄选上。各位作者不断对大爆炸进行理性化说明，把它从难以解释的异事转换成阉党导致的灾祸。作者的立场无疑影响了读者对过去的理解，在阅读和复述同一个故事的过程里，士人的共同体得以团结。对东林士人的认同使得 17 世纪不同时段的作者极力搜罗各种细节作为历史证据，用来责难魏忠贤这位权宦，并且树立起他的残暴形象。结果，复杂的权力竞争最终以一幅简单的图景而终：魏忠贤成为万劫不复的恶人，而东林烈士成为赞歌中永恒的英雄。

Mushroom Cloud over the Northern Capital:
Writing the Tianqi Explosion in the
Seventeenth Century

Abstract: This article focuses on scholars' writings of an extraordinary disaster—the explosion of the Imperial Gunpowder Workshop at Beijing in the Tianqi reign （1626）—during the Ming-Qing dynastic transition. It examines three groups of historical materials, including the official gazette primarily written to transmit the instant news, one 1635 urban miscellany that records the history and culture of the capital, and historical miscellanies compiled after the collapse of the Ming dynasty reflecting upon the reasons of its political failure. The article investigates the varying textual strategies used to politicize the disaster over the course of the seventeenth century. Through reiterations and reframings of this event in the changing urban and political contexts of Beijing, the writers expressed their own specific political agendas, among which one of the most important is to criminalize the eunuch official Wei Zhongxian (1568 - 1627) while heroizing the Donglin party members. The seventeenth-century scholars' discourse of the disaster not only involved deeply with their own political experiences, but also persistently modified our understanding of the late-Ming political history.

Keywords: Beijing; The Tianqi Explosion; Historical Writing; Donglin Society

清帝东巡祭祖与东北的地方营造

吴世旭[*]

摘要：清帝东巡是清王朝事业的组成部分，也是清朝治理东北社会的重要举措。在清帝东巡的过程中，祭祖活动是最为重要的，由祭陵礼、庆贺礼和筵宴礼等组成。它们通过各种仪式强化孝治天下的理念，既沿袭了汉文化，也融合了一些满人传统，是通过"并接结构"营造出的政治文化，并处于清帝有意识的操弄之中。祭祖活动使东北成为展示并实践孝道观念的地方，东北作为清朝根本重地的地方意象也通过各种仪式化的文化表演得以营造。

关键词：清帝东巡　祭祖　仪式　地方营造

一

康熙十年（1671）九月，经过整整一年的商讨与筹备，康熙帝玄烨（1654~1722，1662~1722 年在位）巡幸东北的愿望终于得以实现，此时距满人入关已二十七年有余。

九月初二（10 月 4 日），康熙帝亲诣太庙行告祭礼，次日，在亲诣太皇太后、皇太后宫问安之后，康熙帝率领扈从王公贝勒文武大臣启驾，由朝阳门离开作为帝国权力中心的京城。巡幸队伍途经三河、别山、沙里河、榛子镇、范家店、榆关后，出山海关，又经姜女祠、沟儿

---

* 吴世旭，沈阳师范大学人类学研究所副教授，北京大学人类学博士。

河、烟台河、连山、小凌河、榆林堡、盘山堡、小河山、双台、辽河地方进抵盛京。一路之上，地方文武官员及蒙古诸部王公台吉纷纷来朝。过辽河后，盛京将军阿穆尔图及文武各官于辽河地方迎驾。从北京至盛京行程一千五百余里，用时十六天。

九月十九（10 月 21 日），康熙帝率诸王贝勒文武大臣等先后恭谒福陵、昭陵，献爵举哀。次日起，康熙帝连续两天亲诣福陵，陈牲帛、读祝于隆恩殿，行告成礼。九月二十一（10 月 23 日），福陵告成礼毕之后，康熙帝周视盛京内外城池，并赐银两于年老及鳏寡孤独者，在同一天，还谕令盛京将军查披甲被伤老病退甲闲散之人以闻，接受科尔沁台吉鄂齐尔等来朝。九月二十二（10 月 24 日）起，康熙帝连续两天亲诣昭陵行告成礼，次日礼毕后，遣王贝子内大臣等诣永陵致祭，遣官祭诸王暨功臣墓，接受阿禄科尔沁王公台吉来朝，除此之外，还兼理朝政。当日最重大的活动当数御清宁宫大清门宴赍文武群臣，其间，康熙帝大行赏赐豁免，并盛谕嘱京将军及副都统抚戢军民、爱养招徕、劝谕垦耕，谕嘱守陵总管及副总管职思祀典、夋尽诚敬。这五天康熙帝均驻跸盛京城外。

九月二十四（10 月 26 日），康熙帝以周览盛京畿内地方形胜为由启行北上，先后驻跸懿路、铁岭、开原、叶赫正北堡、雅克萨、古城、穆当阿烟台、纳尔浑地方、达溪达尔巴地方，在十月初三（11 月 4 日）驻跸爱新地方时，召见宁古塔将军巴海，问宁古塔及瓦尔喀、胡尔哈人民风俗，并谕其善布教化，随后，康熙帝率巡幸队伍经由尼牙满渚地方、纳尔浑地方、勒甫布屯地方、开原、三台堡、范河、姚堡折返盛京，于十月十一（11 月 12 日）驻跸盛京城北校场。此行用时长达十八天。

十月十二（11 月 13 日）起，康熙帝连续两天幸临清宁宫。次日，在率诸王贝勒大臣等诣福陵、昭陵行礼之后，康熙帝御大清门，命扈从官及盛京将军以下文武官较射。十月十四（11 月 15 日），康熙帝启銮回京，临行前，他谕嘱膺边方重任的宁古塔将军对飞牙喀黑折当善为防之、广布教化、多方训迪，对虽云投诚的罗刹尤当加意防御、操练士马、整备器械、毋堕狡计，对地方应行大事则须即行陈奏、毋得疑畏。随后，又命来朝外藩王、贝勒、贝子、公、台吉等较射。驾发盛京之际，各官跪送。康熙帝率巡幸队伍途经老边、五道河、白旗堡、头道井地方、广宁、榆林堡、小凌河、连山、宁远、东关站、沟儿河、老君屯，进抵山海关，一路之上，蒙古诸部王公台吉也有来朝，出关后，巡幸队伍途经抚宁、永平府、榛子镇、梁家店、蓟州，于十一月初三（12月3日）回到北京。当日，康熙帝亲诣太庙行告至礼，并诣太皇太后皇太后宫问安。

十一月初九（12月9日），康熙帝以谒陵礼成御太和殿，王以下文武各官行庆贺礼，同日，颁诏天下，诏曰：

> 朕惟帝王诞膺天命，抚育万方，皆由祖功宗德，缔造维艰，俾后人克享成业，所以天下一统之后，必展告成之礼，甚巨典也。我太祖高皇帝创建鸿图，肇兴景运，太宗文皇帝布昭功德，式廓丕基，至世祖章皇帝统一寰区，大勋既集，即欲躬诣山陵，展祭告成，未遑修举。朕缵承隆绪，上讬祖宗洪庥，天下底定，仰体皇考未竟之志，躬诣福陵、昭陵，虔修祀事，以告成功。礼竣旋京，湛恩宜沛，于戏，继述无疆，永著显承之盛，升平胥庆，益彰乐利之休。布告天下，咸使闻知。①

至此，康熙帝首次巡幸东北，终于大功告成。

康熙帝的东巡之所以能够成行要在以"告成功"作为其重要目的，这不仅使顺治帝孜孜以求的"展孝思"之愿在自己身上得以实现，也开了具有"事关大典"的政治意义的东巡盛京之先河；从个体性的"展孝思"到具有政治意义的"告成功"的转变，使清帝东巡上升到关乎天下治理的政治高度，成为清王朝事业的重要部分之一②。

在随后的158年间，清代的四位皇帝又先后九次巡幸东北，其中康熙帝于康熙二十一年（1682）、康熙三十七年（1698）再次巡幸东北，乾隆帝弘历（1711～1799，1736～1795在位）分别于乾隆八年（1743）、乾隆十九年（1754）、乾隆四十三年（1778）、乾隆四十八年（1783）

---

① 《清实录》第五册《圣祖仁皇帝实录（一）》，中华书局，1985，第497页。
② 吴世旭：《从"展孝思"到"告成功"：清帝东巡的缘起与奠基》，《青海民族研究》2021年第4期。

四度巡幸东北，嘉庆帝颙琰（1760~1820，1796~1820 年在位）于嘉庆十年（1805）、嘉庆二十三年（1818）两次巡幸东北，道光帝旻宁（1782~1850，1821~1850 年在位）于道光九年（1829）巡幸东北。

在清朝四帝的十次东巡过程中，恭谒祖陵始终是其不可或缺的组成部分，同时，由于盛京三陵位居关外，清帝出京祭祀祖陵需做长时间、长距离的旅行，诸如行围狩猎、周览形胜、阅武较射、吏藩来朝、御制诗文、祭山祀神、赦免鳏豁等活动的展开因此具备了条件，这些活动与祭祀祖陵的结合使清帝东巡构成了一个整体，并与中国历史上尤其是帝国时代的巡狩一脉相承。

清帝东巡是清史与东北史的重要组成部分，对整个清朝尤其是东北社会具有不可忽视的历史意义。可以说，清帝东巡尤其是康乾两朝的东巡，是满人入关后清朝帝国事业的历史组成部分，也是清朝治理东北社会的重要举措，与明清鼎革之际的社会变迁或岸本美绪所言之"后十六世纪问题"① 有着千丝万缕的内在关联关系。

作为清史与东北史的重要组成部分，清帝东巡在诸如《清实录》《起居注》《清会典》等官修史书中得到详细记录，它们不仅是后人了解清帝东巡史实的基本途径，而且本身也参与到了清帝东巡的历史过程之中，康熙帝身后诸帝在施行东巡时，往往会对其加以参考。在诸如《北游录》《扈从东巡日录》《嘉庆东巡纪事》等本土传统史书以及《鞑靼旅行记》《同文汇考》等异域史书中，也有关于清帝东巡的记录与评论，但是，这些史书大都是在记述的层面上展开，真正对清帝东巡进行深入研究的是现代史学。现代史学关于清史的研究可谓汗牛充栋，但对清帝东巡的研究却并不多见。日本学者园田一龟是其中的开先河者，他出版于 1930 年的《前清历代皇帝之东巡》②，是 20 世纪前半叶唯一专论清帝东巡的现代史学著作。尽管金梁对园田一龟的研究大

---

① 岸本美绪：《"后十六世纪问题"与清朝》，《清史研究》2005 年第 2 期。
② 园田一龟：《前清历代皇帝之东巡》，盛京时报社，1930。该书内容最初连载于《盛京时报》，后以单行本发行，并附之以在华传教士比利时人南怀仁（Ferdinand Verbiest）的《满洲旅行记》译文及盛京三陵之碑文、盛京赋和萨尔浒山战迹碑文。十余年后，在经过补充修订后，该单行本又以日文形式在日本出版。园田一龟：《清朝皇帝东巡の研究》，大阪：大和书院，1944。

为推崇①，但清帝东巡却没有引起本土学者的足够重视。直到1970年代之后，本土现代史学才逐渐开始关注清帝东巡的研究，并在1990年代形成一个小高潮，其中以王佩环主编的《清帝东巡》为著②。本土现代史学的研究大多对清帝东巡的历史作用给予了正面的积极评价，从而在很大程度上改变了长久以来对帝王巡幸的负面态度，在相关史料的梳理和史实的考证方面也积累颇丰。在异域史学中，除园田一龟外，对清帝东巡的研究寥寥无几，但在欧美自成体系的史学脉络中，少数关涉清帝东巡的研究③，也可兹参照。总体而言，关于清帝东巡的学术价值至今仍然没有得到应有的重视，以往的相关研究远远无法与其重要学术价值相匹配，尽管如此，这些研究仍然奠定了进一步对清帝东巡加以探究的基础。

人类学对清帝东巡的研究付之阙如，即使关于帝王活动的研究在人类学中国研究的传统中也寥寥无几。对于以"地方性知识"为学术思考之源泉的人类学来说，特定地方或区域的社会与文化至关重要，它们不仅仅构成了人类学的研究对象，而且与之共同形塑了学术史中各具特色的"学术区"，从而推动着人类学研究的不断进展。作为整体人类学的组成部分之一，人类学的中国研究走过了百余年的学术历程，虽然还很难和诸如美拉尼西亚研究、非洲研究、南美研究这样的学术区相提并论，但也曾有过世界性的声誉，并因其复杂文明社会的特征而具有巨大的学术潜力和广阔的理论前景。人类学的中国研究大致经过了1860~1920年代的异域星火、1930~1940年代的黄金时代、1950~1970年代的海外典范和1980年代以来的全面复兴这几个时期④。民族志方法和国家与社会理论在其中具有十分深远的影响，前者以可靠的田野工作为理

---

① 金梁曾亲为园田一龟的《前清历代皇帝之东巡》一书作叙，认为园田一龟的清帝东巡研究"广征群籍，考证甚详"。金梁：《〈前清历代皇帝之东巡〉叙》，载园田一龟《前清历代皇帝之东巡》，盛京时报社，1930，第1~2页。

② 王佩环：《清帝东巡》，辽宁大学出版社，1991。

③ 例如，Michael Chang, *A Court on Horseback: Imperial Touring and the Construction of Qing Rule, 1680-1785* (Cambridge: Harvard University Press, 2007); Mark Elliot, "The Limit of Tartary: Manchuria in Imperial and National Geographies," *The Journal of Asian Studies* 3 (2000): 603-664。

④ 吴世旭：《人类学中国研究的历史脉络》，《文化学刊》2014年第2期。

论研究提供了丰富而翔实的经验素材，后者则以精到的见解丰富了理论探讨的可能性。尽管如此，它们却在一定程度上强化了人类学长久以来对空间（space）观念不自觉的依赖，以致无法摆脱隐藏在特定学术概念背后的思想羁绊，暗含二者之间的不同地方观及其学术建构，是导致这种理论后果的根本原因。现象学家凯西（Edward Casey）对地方进行的长时间"知识考古"表明，相对于较为晚近出现的空间概念而言，地方具有超越历史的先在性，而从鲜活的地方之中抽象出来的几何学空间，是在现代性的颂扬下才成为知识生产和社会建构的关键概念的①。这个理论见识对于审视上述问题具有很大的启发意义，并有助于激发新的问题意识和人类学的中国研究的理论拓展。虽然现象学认为地方先于历史而存在，但是如果不进入历史，人类的社会文化便无法成为可能，地方自身也无法得以显现。对于人类学研究而言，地方概念之所以具有理论价值，并不在于它的先在性，而是其由先在进入历史从而显现自身的社会与文化过程②。

在清帝东巡的过程中，东北作为清朝"根本重地"的地方意象（place image）通过各种活动不断得以强调。此乃清帝东巡的核心要义，也是清朝治理东北社会的根基所在。从这种初步认识出发，本文试图借用人文地理学的地方（place）概念，基于对东巡过程中祭祖活动的叙述与阐释，来粗略讨论清帝东巡与东北的地方营造（place-making）之间的关系，以求教于大方之家。

二

清帝东巡由各种活动组成，主要包括祭祀祖陵、祭山祀神和巡行地方。这些活动各有不同的文化源头，在经过传承和改造后，承载了特定的意义，从而成为清帝东巡的活动内容。在这些活动中，祭祀祖陵是最为重要的，由祭陵礼、庆贺礼和筵宴礼组成，它们通过各种仪式活动强

---

① Edward Casey, *Getting Back into Place: Toward a Renewed Understanding of the Place-World* (Bloomington: Indiana University Press, 1993); Edward Casey, *The Fate of Place: Philosophical History* (Berkeley: University of California Press, 1998).

② 吴世旭：《论人类学中国研究的地方观》，《文化学刊》2014 年第 4 期。

化孝治天下的理念并将之在不同层面上加以展示，在确证清朝统治的政治合法性的同时，也将东北营造为体现与展示孝道的地方，强化了东北作为清朝根本重地的地方意象。

躬祭祖陵始于康熙帝的首次东巡，并在乾隆朝形成相对稳定的礼仪制度。成于乾隆二十九年（1764）的《钦定大清会典》对此有总体上的规定：

> 凡恭谒盛京祖陵之礼。皇帝亲诣盛京展谒祖陵，驾发前一日，皇帝亲祗告于奉先殿。启銮日，陈骑驾卤簿，不作乐，导从扈卫与时巡同，午门鸣钟，不随从王公百官咸常服跪送于午门外。銮舆所经，守土官咸常服跪迎道右如仪。驾至兴京先期，盛京文武各官咸朝服出境跪迎，朝鲜国王遣使表请起居。至日，恭谒永陵……翼日，皇帝御礼服，群臣咸朝服，行大飨礼，如仪。礼成，赏赉守陵官兵有差。是日。遣官致祭永陵内祔葬之武功郡王恪恭贝勒墓，其附近之觉罗等祖茔，皆遣官往奠。驾至盛京日，恭谒福陵……翼日，行大飨礼。礼成，皇帝即往谒昭陵。翼日，行大飨礼，仪均与永陵同。是日，分遣官致祭福陵之寿康太妃园寝、昭陵之宸妃懿静大贵妃康惠淑妃园寝。皇太后、皇后谒祖陵之礼。皇太后率皇后、贵妃、妃、嫔至永陵启运门前降舆，至门下，行六肃三跪三拜礼。女官设奠几进爵，皇太后北向跪，仰瞻四陵，各三祭酒，每祭行一拜礼。皇后、贵妃、妃、嫔随行礼，兴西向举哀，如仪。福陵、昭陵于正门之右门内降舆，至宝城明楼前行礼，各祭酒三爵，余仪与谒永陵同。祀事礼成，赏赉守陵官兵及盛京官兵各有差。越日，皇帝亲临克勤郡王暨功臣武勋王扬古利、信勇公费英东、果毅公额宜都墓祭酒。其余亲王贝勒及大臣墓，皆以次遣官往奠。皇帝回銮，守土官咸朝服跪送如前。驾至京，在京王公百官咸朝服跪迎候。皇帝还宫，皆退。翼日，皇帝以恭谒祖陵礼成，亲祗告于奉先殿。礼部奏请择吉行庆贺礼，仪与三大节同。[1]

---

① 允祹等纂修《钦定大清会典》（乾隆朝）卷四十二，页十至十五，引自《景印摛藻堂四库全书荟要》史部第 112 册，总第 198 册，世界书局，1986，第 353~355 页。

可见，清帝东巡的躬祭祖陵礼仪是一个综合性的礼制系统，祭祀主体不仅是皇帝本人，还包括随行群臣，甚至可能包括随行皇太后、皇后及妃嫔，祭祀对象除最主要的永陵、福陵和昭陵外，还涉及诸妃园寝与诸功臣墓，而整体上的仪式程序与内容则从起驾前一直延伸到回銮至京之后，包括了奉先殿告祭、起驾、各官跪送跪迎、躬谒祖陵、大飨、祭诸妃园寝及诸功臣墓、庆贺等诸多仪式，其中很多礼仪融合了巡幸礼。

尽管乾隆朝的《钦定大清会典》对清帝东巡躬祭祖陵仪礼做出了总体性的规定，但并未呈现出其全部内容及历史变化，原因在于，一方面乾隆朝对康熙朝的东巡礼仪并不完全清楚[①]，另一方面东巡躬祭祖陵仪礼也在此会典成书后有所补益。在检阅各种史籍的基础上，可以认为，清帝东巡躬祭祖陵仪礼主要包括祭陵礼、庆贺礼和筵宴礼（参见表1、2、3、4）。

表 1　康熙帝东巡躬祭祖陵活动一览

次序	年份	日期	地点	活动
第一次	康熙十年（1671）	10 月 21 日	福陵	谒福陵，三献爵，举哀。
			昭陵	谒昭陵，如福陵礼。
		10 月 22 日	福陵	诣福陵，陈牲帛于隆恩殿，读祝，行告成礼。
		10 月 23 日	福陵	复诣福陵致祭，如前仪。
		10 月 24 日	昭陵	诣昭陵，行告成礼。
		10 月 25 日	昭陵	复诣昭陵致祭，皆如福陵礼。
			大清门	筵宴；赏赐。
				遣王贝子内大臣等、诣永陵致祭；遣官祭诸王暨功臣墓。
		11 月 14 日	福陵	回銮，诣福陵行礼。
			昭陵	回銮，诣昭陵行礼。
		12 月 9 日	太和殿	御太和殿，王以下文武各官行庆贺礼；颁诏天下。

---

① 例如，乾隆帝第一次东巡之前，于乾隆七年（1742）八月曾有查检康熙年间东巡"一切应行典礼"之举，而礼部的奏报却是"档案因年久损坏不全，无凭查辨"。《内阁大库档案》第 096875-001 号，"礼部·明年秋季皇上恭奉皇太后叩谒盛京祖陵相应移会实录馆将康熙年间圣祖仁皇帝往盛京谒陵省方盛典检出礼部派员领取俟办理毕仍行缴还"。台北"中研院"历史语言研究所藏。

续表

次序	年份	日期	地点	活动
第二次	康熙二十一年 （1682）	4月11日	福陵	谒福陵行礼，奠酒举哀。
			昭陵	谒昭陵行礼，奠酒举哀。
		4月12日	福陵	诣福陵，大祭宝城。
		4月13日	福陵	诣福陵，大祭隆恩殿。
		4月14日	昭陵	诣昭陵，大祭宝城。
				遣官祭诸王暨功臣墓。
		4月15日	昭陵	诣昭陵，大祭隆恩殿。祭文与祭福陵文同。
			大清门	赏赐。
				遣官祭功臣墓。
		4月18日	永陵	谒永陵，行礼，奠酒，举哀，大祭永陵。
				遣官祭武功郡王礼敦巴图鲁墓、恪恭贝勒塔察篇古墓及附近觉罗祖墓。
		5月25日	福陵	诣福陵，奠酒举哀。
			昭陵	诣昭陵，奠酒举哀。
第三次	康熙三十七年 （1698）	11月15日	永陵	率诸王大臣等谒永陵，行礼，奠酒，举哀。
				遣官至武功郡王礼敦巴图鲁墓、恪恭贝勒塔察墓奠酒。
		11月18日	福陵	率诸王大臣等谒福陵，行礼，奠酒，举哀。
			昭陵	率诸王大臣等谒昭陵，行礼，奠酒，举哀。
		11月19日	福陵	率诸王大臣等诣福陵隆恩殿致祭。
			昭陵	率诸王大臣等诣昭陵隆恩殿致祭。
		11月20日		临武勋王扬古利、直义公费英东、弘毅公额亦都墓，奠酒。

表 2　乾隆帝东巡躬祭祖陵活动一览

次序	年份	日期	地点	活动
第一次	乾隆八年 （1743）	11月1日	永陵	奉皇太后率皇后谒永陵，行礼，祭酒，举哀。
		11月2日	永陵	诣永陵，行大飨礼。
				遣官奠武功郡王礼敦、恪恭贝勒塔察篇古墓及附近觉罗祖茔。
		11月7日	福陵	谒福陵，如谒永陵仪。

续表

次序	年份	日期	地点	活动
第一次	乾隆八年（1743）	11月8日	福陵	诣福陵，行大飨礼，如祭永陵仪。
			昭陵	谒昭陵，如谒福陵仪。
		11月9日	昭陵	诣昭陵，行大飨礼，如祭福陵仪。
				遣官祭诸妃并公主园寝，及亲王、贝勒、及大臣等墓。
		11月10日		率王大臣等诣皇太后宫行庆贺礼。
			崇政殿	受贺；赐诸王、文武大臣、官员及朝鲜国使臣宴。
			大政殿	赐盛京文武官员宴及父老酺，御制盛京筵宴世德舞。辞。
				颁诏天下。
		11月12日		亲临克勤郡王岳托、武勋王扬古利墓前赐奠。
		11月14日		亲临宏毅公额亦都、直义公费英东墓前、赐奠。
		12月13日	慈宁宫	诣皇太后宫，行庆贺礼。
			中和殿	御中和殿，内大臣、侍卫、内阁、翰林院、礼部、都察院、詹事府等衙门行礼。
			太和殿	御太和殿，王以下文武大臣官员等进表行礼。
第二次	乾隆十九年（1754）	10月20日	永陵	奉皇太后率皇后谒永陵，行礼，祭酒，举哀。
		10月21日	永陵	诣永陵，行大飨礼。
				遣官祭武功郡王礼敦、恪恭贝勒塔察篇古墓及附近觉罗祖茔。
		10月25日	福陵	谒福陵，如谒永陵仪。
			昭陵	谒昭陵，如谒永陵仪。
		10月26日	福陵	诣福陵，行大飨礼。
			昭陵	诣昭陵，行大飨礼。
				遣官致祭诸妃并公主园寝；遣官致祭克勤郡王岳托、武勋王扬古利、宏毅公额亦都、直义公费英东墓。
		10月27日		率王大臣等诣皇太后宫行庆贺礼。
			崇政殿	御崇政殿受贺，赐诸王、文武大臣官员及朝鲜国使臣、准噶尔输诚之宰桑等宴。
			大政殿	赐宗室觉罗等宴。

次序	年份	日期	地点	活动
第二次	乾隆十九年（1754）	11月26日	慈宁宫	诣慈宁宫行庆贺皇太后礼，王公大臣于慈宁门行礼。
			太和殿	御太和殿，王以下文武百官行庆贺礼。
第三次	乾隆四十三年（1778）	10月7日	永陵	谒永陵，降舆恸哭，诣宝城前行礼，躬奠哀恸。
		10月8日	永陵	诣永陵，行大飨礼。
				遣官致祭武功郡王、恪恭贝勒墓，暨附近之觉罗等祖茔。
		10月11日	福陵	谒福陵，降舆恸哭，诣宝城前行礼，躬奠哀恸。
		10月13日	福陵	诣福陵，行大飨礼。
			昭陵	谒昭陵，降舆恸哭，诣宝城前行礼，躬奠哀恸。
			昭陵	诣昭陵，行大飨礼。
		10月14日		遣官祭诸妃、并公主园寝；遣官祭克勤郡王岳托、武勋王扬古利、宏毅公额亦都、直义公费英东墓及贤王祠、辽太祖陵。
		10月15日	崇政殿	御崇政殿，扈从王公大臣、并盛京宗室、觉罗、将军、官员及朝鲜使臣行礼，赐茶。
		10月16日		临克勤郡王岳托墓赐奠。
		10月17日		临武勋王扬古利、宏毅公额亦都、直义公费英东墓，各赐奠。
第四次	乾隆四十八年（1783）	10月5日	永陵	谒永陵，降舆恸哭，诣宝城前行礼，躬奠哀恸。
		10月6日	永陵	诣永陵，行大飨礼。
				遣官祭武功郡王礼敦、恪恭贝勒塔察篇古墓及附近觉罗祖茔。
		10月10日	福陵	谒福陵，降舆恸哭，诣宝城前行礼，躬奠哀恸。
			福陵	诣福陵，行大飨礼。
		10月11日	昭陵	谒昭陵，降舆恸哭，诣宝城前行礼，躬奠哀恸。
				遣官祭诸妃并公主园寝；遣官祭克勤郡王岳托、武勋王扬古利、宏毅公额亦都、直义公费英东墓及贤王祠、辽太祖陵。

续表

次序	年份	日期	地点	活动
第四次	乾隆四十八年（1783）		昭陵	诣昭陵，行大飨礼。
		10 月 12 日		遣官祭诸妃、并公主园寝；遣官祭克勤郡王岳托、武勋王扬古利、宏毅公额亦都、直义公费英东墓及贤王祠、辽太祖陵。
		10 月 13 日		临克勤郡王岳托墓、赐奠。
		10 月 14 日		临宏毅公额亦都、直义公费英东墓，赐奠。
		10 月 15 日	崇政殿	御崇政殿，扈从皇子王公大臣官员、并蒙古王贝勒贝子额驸台吉、及盛京文武大臣官员、朝鲜国使臣等，行庆贺礼。
			大政殿	赐扈从皇子、王公、大臣，蒙古王、贝勒、贝子、额驸、台吉及盛京文武大臣官员、朝鲜国使臣等宴，并赏赉有差。
		11 月 14 日	太和殿	御太和殿，王以下文武官员行庆贺礼并谢恩。

表 3　嘉庆帝东巡躬祭祖陵活动一览

次序	年份	日期	地点	活动
第一次	嘉庆十年（1805）	10 月 7 日	永陵	谒永陵，降舆恸哭，诣宝城前行礼，躬奠哀恸。
		10 月 8 日	永陵	诣永陵，行大飨礼。
				遣官祭武功郡王、恪恭贝勒墓及附近觉罗等祖茔。
		10 月 12 日	福陵	谒福陵，降舆恸哭，诣宝城前行礼，躬奠哀恸。
				临宏毅公额亦都墓赐奠。
		10 月 13 日	福陵	诣福陵。行大飨礼。
			昭陵	谒昭陵，降舆恸哭，诣宝城前行礼，躬奠哀恸。
				临武勋王扬古利、直义公费英东墓赐奠。
		10 月 14 日	昭陵	诣昭陵，行大飨礼。
				遣官祭诸妃并公主园寝及亲王、贝勒、大臣等墓、辽太祖陵。
		10 月 17 日	崇政殿	御崇政殿，扈从王公大臣官员、蒙古王、贝勒、贝子、公、额驸、台吉、及盛京文武官员、朝鲜国使臣等，行庆贺礼。
				颁诏天下。

续表

次序	年份	日期	地点	活动
第一次	嘉庆十年（1805）	10月18日	大政殿	赐扈从王公大臣官员、蒙古王、贝勒、贝子、公、额驸、台吉、及盛京文武官员、朝鲜国使臣等宴，赏赉有差。
		11月15日	太和殿	御太和殿，王以下文武大臣官员进表行庆贺礼。
第二次	嘉庆二十三年（1818）	9月25日	永陵	谒永陵，降舆恸哭，诣宝城前行礼，躬奠哀恸。
		9月26日	永陵	诣永陵，行大飨礼。
		9月30日	福陵	谒福陵，降舆恸哭，诣宝城前行礼，躬奠哀恸。
				临宏毅公额亦都墓赐奠。
		10月1日	福陵	诣福陵，行大飨礼。
			昭陵	谒昭陵，降舆恸哭，诣宝城前行礼，躬奠哀恸。
				临武勋王扬古利墓赐奠。
		10月2日	昭陵	诣昭陵，行大飨礼。
			崇政殿	御崇政殿，赐皇子亲藩等宴，并赏赉有差。
				遣官祭诸妃园寝并公主园寝及亲王、贝勒、大臣等墓、辽太祖陵。
		10月3日	嘉荫堂	赐扈从王公、大臣，蒙古王、贝勒、贝子、公、额驸、台吉及盛京吉林将军等食，并赏赉有差。
		10月4日	崇政殿	御崇政殿，皇子及扈从王、公、大臣官员蒙古王、贝勒、贝子、公、额驸、台吉、盛京文武官员、朝鲜国使臣等，行庆贺礼。
				临克勤郡王岳托墓赐奠。
		10月5日	大政殿	御大政殿，赐皇子及扈从王、公大臣、蒙古王、贝勒、贝子、公、额驸、台吉、盛京文武官员、朝鲜国使臣等宴，并赏赉有差。
		10月6日		临直义公费英东墓赐奠。
		11月13日	太和殿	御太和殿，王以下文武大臣官员进表行庆贺礼。

表 4 道光帝东巡躬祭祖陵活动一览

次序	年份	日期	地点	活动
第一次	道光九年 （1829）	10 月 13 日	永陵	谒永陵，降舆恸哭，诣宝城前行礼，躬奠哀恸。
		10 月 14 日	永陵	诣永陵，行大飨礼。
		10 月 17 日	福陵	谒福陵，降舆恸哭，诣宝城前行礼，躬奠哀恸。
				临宏毅公额亦都墓赐奠。
		10 月 19 日	福陵	诣福陵，行大飨礼。
			昭陵	谒昭陵，降舆恸哭，诣宝城前行礼，躬奠哀恸。
				临武勋王扬古利墓赐奠。
		10 月 20 日	昭陵	诣昭陵，行大飨礼。
				遣官祭诸妃并公主园寝及亲王、贝勒、大臣等墓、辽太祖陵。
		10 月 21 日		临克勤郡王岳托墓赐奠。
		10 月 22 日	颐和殿	奉皇太后御颐和殿，率扈从王公大臣官员蒙古王贝勒贝子公额驸台吉盛京文武官员朝鲜国使臣等，行庆贺礼。
			崇政殿	崇政殿，扈从王公大臣官员蒙古王贝勒贝子公额驸台吉盛京文武官员朝鲜国使臣等，行庆贺礼。
				颁诏天下。
				赐扈从王公、大臣，蒙古王、贝勒、贝子、额驸，盛京吉林将军等食，并赏赉有差。
		10 月 24 日		临直义公费英东墓赐奠。
		10 月 25 日	大政殿	御大政殿，赐扈从王公、大臣官员，蒙古王、贝勒、贝子、额驸、台吉及盛京文武官员、朝鲜国使臣等宴，赏赉有差。

祭陵礼的仪式活动

祭陵礼主要由谒见礼与致祭礼组成，前者从康熙帝到道光帝一以贯之，后者在康熙帝那里融合了告祭礼的大祭，至乾隆朝则定制为大飨礼，并为嘉道二帝所遵行。在祭祀顺序上，康熙帝第一次东巡先祭祀福陵，再祭祀昭陵，并未亲自前往永陵祭祀，而是"遣王贝子内大臣等诣永陵致祭"①，第二次东巡同样先祭祀福陵，再祭祀昭陵，最后首次祭祀永陵，第三次东巡则确立了先永陵再福陵后昭陵的祭祀顺序，并为身后诸帝所遵行。总体而言，祭陵礼初创于康熙朝，定制于乾隆朝。

谒见礼是清帝在初至祖陵所在地时举行的礼仪。康熙帝东巡时福陵与昭陵的谒见礼在同一天举行，永陵的谒见礼则与致祭礼在同一天举行，第一次东巡在回銮之前还在同一天至福陵与昭陵行礼。乾嘉道三帝东巡时，永陵谒见礼单独在一天举行，除乾隆帝第二次东巡福陵与昭陵谒见礼在同一天进行外，其他均为福陵谒见礼单独在一天举行，昭陵谒见礼则与福陵大飨礼在同一天举行。

关于谒见礼的程序和内容，《圣祖仁皇帝实录》只简单记作"行礼，上三献爵，举哀"②（第一次东巡）或"行礼，奠酒，举哀"③（后两次东巡），《高宗纯皇帝实录》分别记作"行礼，祭酒，举哀"④（前两次东巡）和"未至碑亭，即降舆恸哭……诣宝城前行礼，躬奠哀恸"⑤（后两次东巡），嘉道两朝的《实录》则延续了"未至碑亭，即降舆恸哭……诣宝城前行礼，躬奠哀恸"⑥的记录。

成于康熙二十九年（1690）的《钦定大清会典》在礼部"山陵躬祭仪"条中，对康熙帝前两次东巡躬祭福陵与昭陵的谒见礼和第二次东巡躬祭永陵谒见礼的具体程序与内容记述如下：

> 上至日，恭谒福陵，御常服，亲王以下三等侍卫文武三品以上官俱常服随后。上由红门左门入，至台阶下马，内外王等在红门外

① 《清实录》第四册《圣祖仁皇帝实录（一）》，中华书局，1985，第491页。
② 《清实录》第四册《圣祖仁皇帝实录（一）》，中华书局，1985，第491页。
③ 《清实录》第五册《圣祖仁皇帝实录（二）》，中华书局，1985，第16、19、1018页。
④ 《清实录》第十一册《高宗纯皇帝实录（三）》，中华书局，1985，第573页；《清实录》第十四册《高宗纯皇帝实录（六）》，中华书局，1985，第1104页。
⑤ 《清实录》第二十二册《高宗纯皇帝实录（十四）》，中华书局，1985，第237、241、242页；《清实录》第二十三册《高宗纯皇帝实录（十五）》，中华书局，1985，第891、894、895页。
⑥ 《清实录》第二十九册《仁宗睿皇帝实录（二）》，中华书局，1986，第1033、1036、1037页；《清实录》第三十二册《仁宗睿皇帝实录（五）》，中华书局，1986，第569、571、572页；《清实录》第三十五册《宣宗成皇帝实录（三）》，中华书局，1986，第470、473页。

下马，贝勒以下各官在下马牌处下马。礼部堂官二员前引上至祭台拜位立（不赞），行三跪九叩头谒见礼，王以下各官在隆恩殿两旁分翼排立随行礼。上奠酒三爵，每奠一叩头，众皆随叩。奠毕，上兴，举哀，众皆举哀，退。次诣昭陵，上进红门，至碑亭前下马，王等在牌楼前下马，贝勒以下各官在下马牌处下马，其谒见行礼俱与福陵同。礼毕，驾回行宫。①

上诣永陵行谒见礼，亲王以下一等侍卫三品官以上随驾至陵，俱素服。上至栅栏门前下马，内外王等至红木处下马，贝勒以下各官未到红木下马。是日，盛京礼部官预陈设祭物，恭请神位奉安宝座上，礼部堂官前引上由左门入，至台阶下就拜位立，行三跪九叩头谒见礼（不赞），王以下各官在殿旁分翼排立，俱随行礼，毕，上兴，东立西向，执事官举酒案于拜位前陈设，上诣拜位跪，奠酒十二爵，每奠一叩头，王以下各官随叩，奠毕，上兴，东立西向，举哀，众皆举哀。②

乾隆帝第一次东巡时，礼部曾于九月十四（10月30日）上奏谒陵仪注，内容如下：

皇上御素服，至正门外降舆，礼部堂官导引由正门之左门进。永陵入启运门之左门，经启运殿东旁行，以地狭，拜褥设阶下，行三跪九叩礼。福陵、昭陵入隆恩门之左门，经隆恩殿东旁行，诣祭台处，行三跪九叩礼，兴，诣东旁立。俟设奠几毕，上进谒陵，永陵凡四跪，祭酒十二爵；福陵、昭陵各祭酒三爵，每一祭酒，行一叩礼。礼毕，仍诣东旁立，西向举哀。王以下、三品以上官员等于殿之两旁按翼向上排立，均随行礼举哀毕。礼部堂官导引皇上由原进之门出，乘舆还行宫。又奏，皇太后、皇后至正门之右门外降

---

① 伊桑阿等纂修《钦定大清会典》，卷六十一，页十二至十三，引自近代中国史料丛刊三编第七十二辑，《大清会典（康熙朝）》，文海出版社，1992，第3172~3174页。
② 伊桑阿等纂修《钦定大清会典》卷六十一礼，页十七，引自近代中国史料丛刊三编第七十二辑，《大清会典（康熙朝）》，文海出版社，1992，第3181~3182页。

舆，掌关防等官之妻导引，由正门之右门进，永陵至启运门下。福陵、昭陵至祭台处，皇太后就正中拜位，皇后随后，均行六拜三叩礼，兴，诣西旁立。俟设奠几毕，皇太后诣永陵四跪，祭酒十二爵；福陵、昭陵各祭酒三爵，每一祭酒，行一叩礼，皇后均随行礼，兴，仍诣西旁立，东向举哀。毕，掌关防等官之妻导引皇太后皇后由原进之门出，乘舆还行宫。①

成于乾隆二十九年的《钦定大清会典》则在"凡恭谒盛京祖陵之礼"条中，分别对"皇帝亲诣盛京展谒祖陵"的永陵谒见礼和福陵与昭陵谒见礼规定如下：

> 至日，恭谒永陵。皇帝素服，由行营乘舆出，王公内大臣侍卫三品以上官咸素服从。皇帝至永陵正门之右垣侧降舆，礼部堂官二人恭导皇帝由左门入，进启运门左门至宝城前立，鸿胪官引王公于启运殿左右，百官于门外按翼序立。皇帝就拜位，率群臣行三跪九拜礼，兴，有司进奠几于拜位前正中，皇帝诣几前北向跪，群臣东西面跪，进爵大臣进爵，皇帝仰瞻四陵，各三祭酒，每祭行一拜礼，兴，东立西向举哀，王公百官随行礼。举哀毕，礼部堂官恭导皇帝出至右垣侧乘舆还行营。②

> 驾至盛京日，恭谒福陵。至红门外左门降舆，礼部堂官恭导皇帝入隆恩门左门至宝城前，率群臣行三跪九拜礼，有司进奠几，进爵大臣进爵，皇帝诣几前北向跪，三祭酒，每祭行一拜礼，兴，东立西向举哀，众皆随行礼。举哀毕，礼部堂官恭导皇帝出，升舆还行营。翼日，行大飨礼。礼成，皇帝即往谒昭陵。翼日。行大飨礼，仪均与永陵同。③

---

① 《清实录》第十一册《高宗纯皇帝实录（三）》，中华书局，1985，第569~570页。

② 允祹等纂修《钦定大清会典》（乾隆朝）卷四十二，页十一至十二，引自《景印摛藻堂四库全书荟要》史部第112册，总第198册，世界书局，1986，第353~354页。

③ 允祹等纂修《钦定大清会典》（乾隆朝）卷四十二，页十二至十三，引自《景印摛藻堂四库全书荟要》史部第112册，总第198册，世界书局，1986，第354页。

东巡诸帝于三陵行谒见礼均是在宝城前举行，内容都为行礼、奠酒、举哀，不同的是，从乾隆帝第三次东巡开始，增加了"未至碑亭，即降舆恸哭"一项。

相对于谒见礼，致祭礼要复杂得多。康熙帝和身后诸帝东巡时所行致祭礼不仅名称不同，而且频次和内容也不尽相同。成于康熙二十九年的《钦定大清会典》在礼部二十二"山陵躬祭仪"条中，对康熙帝第一次东巡躬祭福陵与昭陵致祭礼的具体程序与内容记述如下：

> 次日，福陵隆恩殿大祭，上御常服，致祭行礼，一应礼仪，与九年孝陵大祭同。又次日，在隆恩殿前致祭。王以下三等侍卫文武三品以上官先赴隆恩殿院内分翼排立，礼部官设黄幄于隆恩殿前供献祭品，礼部堂官奏陈设毕，上乘马至陵，如前下马，礼部堂官二员前引至祭所，上东立西向，王以下各官两旁对立，读祝官诣祝案前，一跪三叩头，捧祝文跪，上就拜位跪，王以下各官分翼排跪，读祝官读毕，兴，捧祝文置案上，一跪三叩头，退，上跪，奠酒三爵，每奠一叩头，众皆随叩，奠毕，上兴，东立西向，举哀，众皆举哀，毕，撤祭品，读祝官诣祝案前，一跪三叩头，捧祝文，礼部官前引送至红门外，工部堂官视燎，礼部堂官奏礼毕，上回行宫。上诣昭陵致祭行礼，俱与福陵同。①

康熙朝《钦定大清会典》对康熙九年（1670 年）孝陵大祭的仪式活动记述如下：

> 次日，隆恩殿大祭，守陵官预办致祭应用等物，恭请世祖章皇帝、章皇后端敬皇后神位，各于宝座上奉安。王以下各官俱常服至殿下两旁分翼排立，礼部奏请上御常服，内大臣二等侍卫以上亦常服随后。上至下马牌降辇，礼部堂官二员前引至隆恩门，赞引官对引官导上入隆恩殿左门，东立西向。鸿胪寺官引王等东西台阶上两

① 伊桑阿等纂修《钦定大清会典》卷六十一礼，页十三至十四，引自近代中国史料丛刊三编第七十二辑，《大清会典（康熙朝）》，文海出版社，1992，第 3174~3176 页。

旁排立，各官台阶下两旁排立。赞引官导上至拜位前立。典仪唱执事官各司其事，赞引官奏就位。上诣拜位立，王以下各官各就位立，赞引官导上诣香案前，司香官捧香盒跪于右，赞引官奏跪上香，上跪接香拱举，仍授司香官，上兴，三上香毕，赞引官奏复位，上复位立。赞引官奏跪叩兴，上行三跪九叩头礼，兴，王以下各官俱随行礼。典仪唱奠帛行初献礼，赞引官导上诣帛案前，捧帛官跪于左，赞引官奏跪献帛，上跪接帛献案前，行三叩头礼，兴（不赞）。赞引官导上诣爵案前，执爵官跪于左，赞引官奏献爵，上立接爵，先献世祖章皇帝前，次献章皇后前，次献端敬皇后前，毕，赞引官奏复位，上复位立。读祝官诣祝案前，一跪三叩头，捧祝文立，赞引官奏跪，上跪，王以下各官俱跪，赞读祝，读祝官跪读毕，兴，捧祝文安设案前帛匣上，一跪三叩头，退，赞引官奏叩，兴。上行三叩头礼，王以下各官俱随行礼，典仪唱行亚献礼，献爵官依次捧爵立献退（不叩头）。典仪唱行终献礼，献爵官进爵如亚献仪，毕，赞引官奏跪叩兴，上行三跪九叩头礼，王以下各官俱随行礼。典仪唱捧祝帛恭诣燎炉，捧祝官、捧帛官各一跪三叩头，捧祝在前，帛在后，俱送燎炉。上转立东旁，西向，王以下各官俱至两旁排立，候祝帛过，仍复原位立，祝帛焚半，赞引官奏礼毕，俱退。①

康熙朝《钦定大清会典》对康熙帝第二次东巡的福陵与昭陵大祭礼的记述言其"致祭礼仪""俱照康熙十年例行"②，永陵的大祭其"致祭礼仪与昭陵同"③。但是，查诸《康熙起居注》，康熙帝第一次东巡时，对福陵和昭陵的致祭礼实际上均分别连续两天举行，第一天是隆恩殿大祭，第二天是宝城大祭；第二次东巡时也是连续两天行致祭礼，只不过是先于宝城大祭，再于隆恩殿大祭；第三次东巡则只在隆恩殿大

① 伊桑阿等纂修《钦定大清会典》卷六十一礼，页七至九，引自近代中国史料丛刊三编第七十二辑，《大清会典（康熙朝）》，文海出版社，1992，第 3162~3166 页。
② 伊桑阿等纂修《钦定大清会典》卷六十一礼，页十六，引自近代中国史料丛刊三编第七十二辑，《大清会典（康熙朝）》，文海出版社，1992，第 3180 页。
③ 伊桑阿等纂修《钦定大清会典》卷六十一礼，页十七，引自近代中国史料丛刊三编第七十二辑，《大清会典（康熙朝）》，文海出版社，1992，第 3182 页。

祭。究其原因，大概是除了照康熙九年孝陵大祭之例外，尚需行告祭之礼之故，但第三次东巡只在隆恩殿大祭，加之现仅存第二次东巡告祭祝文①，又使这一推测成疑，在没有新史料出现之前，只能存疑待查。无论如何，康熙帝三次东巡所行致祭礼并未形成定制，不管是频次还是程序，都有所不同。

清帝东巡于三陵行致祭礼在乾隆朝形成定制，除以定名为大飨礼外，所用时间和康熙帝致祭永陵一样，也被压缩在一天之内举行。《高宗纯皇帝实录》对乾隆帝第一次东巡永陵大飨礼有极为简略的记录，内容如下：

> 步入启运门，诣香案前跪，上香，复位，行三跪九拜礼。初献，奠帛、爵、读祝毕，行三拜礼。亚献、三献，各奠爵毕，行三跪九拜礼，王以下、官员、均随行礼。上诣望燎位望燎。礼毕，入陵寝左门，至明楼前，西向立，举哀，王以下各官咸举哀。②

皇帝躬行祭祀祖陵并非单纯的政治活动，同时也是一种文化展示，对于把躬祭祖陵作为帝国事业的东巡诸帝而言，后者是服务于前者的，所以更为重要，这也是庆贺礼和筵宴礼成为躬祭祖陵活动重要部分的原因所在。

庆贺礼的各种仪式活动

躬祭祖陵礼成之后行庆贺礼，是清帝东巡的例行仪式。这一礼仪同样首创于康熙帝，经乾隆帝补益之后形成定制，并为嘉道二帝所遵行。

康熙帝仅在第一次东巡时举行是礼，据《康熙起居注》记载，康

---

① 祝文内容："孝曾孙嗣皇帝玄烨敢昭告于太祖承天广运圣德神功肇纪立极仁孝睿武弘文定业高皇帝孝慈昭宪敬顺庆显承天辅圣高皇后尊灵曰：臣祇承鸿绪，抚茈多方，惟逆贼吴三桂叛自滇南，煽动闽、粤、黔、蜀、楚南等地，兴师四征，以次底定，遗孽吴世璠败逋，窃伏滇城，遣定远平寇大将军固山贝子章泰、征南大将军都统赖塔等进攻克复，殄灭凶渠。顾此一方反侧，遂致海内驿骚，将士疲于征调，生民困于转输，于兹八载，疆宇靡宁。惟祖宗之灵，遏除乱略，获奏荡平，此皆仰赖先德默垂眷祐。今臣躬诣山陵，率诸王文武群臣以告捷礼，虔祀隆恩殿。伏惟歆鉴。"《清实录》第五册《圣祖仁皇帝实录（二）》，中华书局，1985，第17页。
② 《清实录》第十一册《高宗纯皇帝实录（三）》，中华书局，1985，第573页。

熙十年十一月初九（1671 年 12 月 9 日），康熙帝于"巳时，御太和殿，因寰宇一统，亲诣福陵、昭陵展祭告成功礼成，诸王、贝勒、文武官员上表行庆贺礼，毕，颁诏天下"①，《圣祖仁皇帝实录》记为"以谒陵礼成，御太和殿，王以下文武各官行庆贺礼，颁诏天下"②，康熙朝《钦定大清会典》则记为"王以下文武各官，行进表庆贺礼如常仪"③。据此可知，康熙帝是在东巡回京后，于太和殿举行庆贺礼，同时颁诏天下。乾隆帝的四次东巡除第三次外均在躬祭祖陵礼成之后行庆贺礼④，并形成定制。与康熙帝东巡不同，乾隆帝东巡时分别在盛京的崇政殿和北京的太和殿行庆贺礼，另外，前两次因奉皇太后东巡，还分别在后者的盛京行宫和北京的慈宁宫行庆贺礼，并且只在第一次东巡时于庆贺礼上颁诏天下。嘉道二帝东巡时，按乾隆帝定制遵行庆贺礼。

关于清帝东巡躬祭祖陵礼成之后于盛京崇政殿所行庆贺礼的仪式程序与内容，乾隆帝第一次东巡所行庆贺礼可资参考，据盛京内务府档案，乾隆八年六月乾隆帝尚未出京时，礼部已经把将在崇政殿举行庆贺礼的详细仪注拟就呈览：

> 是日清晨，礼部、鸿胪寺官员设表案一于崇政殿内之东，銮仪卫陈卤簿于崇政殿前，乐部设中和韶乐于殿檐下二层阶台下之两旁，陈丹陛乐于两乐亭，皆向北设，陈龙亭、香亭于礼部。礼部堂官捧王以下文武各官所进贺表置于亭内，校尉舁亭，作导引乐前导，至大清门外东边安设。礼部官从亭内捧表由大清门左旁门入，安设于崇政殿内东旁黄案上。鸿胪寺官导三品以上大臣于崇政殿丹墀内齐集，三品以下大臣官员等于大清门外齐集，耆老、领催等皆于大政殿外齐集，礼部堂官奏请皇上具礼服升崇政殿座，中和韶乐

---

① 中国第一历史档案馆整理《康熙起居注》第一册，中华书局，1984，第 8 页。

② 《清实录》第五册《圣祖仁皇帝实录（一）》，中华书局，1985，第 497 页。

③ 伊桑阿等纂修《钦定大清会典》卷六十一礼，页十五，引自近代中国史料丛刊三编第七十二辑，《大清会典（康熙朝）》，文海出版社，1992，第 3178 页。

④ 乾隆帝第三次东巡躬祭祖陵礼成之后，虽御崇政殿，但只有"扈从王公大臣、并盛京宗室、觉罗、将军、官员、及朝鲜使臣行礼，赐茶"而已，回京后也没有于太和殿行庆贺礼。《清实录》第二十二册《高宗纯皇帝实录（十四）》，中华书局，1985，第 244 页。

作，奏元平之章，皇上升座，乐止。銮仪卫官赞鸣鞭，丹墀内三鸣
鞭，鸣赞官赞排班，鸿胪寺官、诸王文武各官排班，时戏竹合，丹
陛乐作，奏庆平之章，鸣赞官赞进赞跪，王以下各官俱进跪。赞宣
表，宣表官至黄案前捧表跪于殿檐下正中，大学士二员跪于左右展
表，戏竹开，乐止。宣表官宣毕，捧表立，丹陛乐作，捧表官捧表
置于黄案上，鸣赞官赞叩兴，王以下各官行三跪九叩头礼，兴，鸣
赞官赞退，王以下各官俱退，复原位立，乐止。鸿胪寺官员引朝鲜
国使臣至大清门外，戏竹合，丹陛乐作，奏治平之章，鸣赞官赞叩
兴，朝鲜国使臣行三跪九叩头礼，退，戏竹合，乐止。王以下入八
分公以上俱各携坐褥入殿内，行一跪一叩头礼，殿内外排立之文武
官员亦行一跪一叩头礼，皆坐，赐茶毕，銮仪卫官鸣鞭，王以下皆
立，中和韶乐作，奏和平之章，皇上还宫。①

至于在皇太后行宫所行庆贺礼的仪式程序与内容，乾隆八年所定仪
注所记内容如下：

> 礼部堂官奏请皇上诣皇太后宫行庆贺礼。时和硕亲王以下入八
> 分公以上，皆穿朝服于皇太后行宫门外两翼齐集，文武各官皆穿朝
> 服于大清门外按翼排班。执事官预将皇上拜褥设于皇太后行宫门外
> 正中。皇上具礼服御宫，于东旁门内乘轿，礼部堂官前导至皇太后
> 行宫门外下轿，东旁立。礼部堂官转传内监奏请皇太后升座，礼部
> 堂官引皇上就拜褥立，王以下文武各官俱向上立。鸣赞官赞跪、
> 叩、兴，皇上率王以下各官行三跪九叩头礼，兴。鸣赞官赞礼毕，
> 礼部堂官引皇上复原位立，转传内监奏请皇太后还宫。俟皇太后还
> 宫，礼部堂官赞礼成，引皇上还宫，三以下文武各官皆退。②

---

① 《黑图档》乾隆十九年部来档之二，沈阳：辽宁省档案馆藏。转引自佟悦《清帝东巡
　谒陵期间盛京故宫的两项典礼》，载《故宫博物院院刊》第一辑，中华书局，2005，
　第24~37页。
② 《黑图档》乾隆十九年部来档之二，沈阳：辽宁省档案馆藏。转引自佟悦《清帝东巡
　谒陵期间盛京故宫的两项典礼》，载《故宫博物院院刊》第一辑，中华书局，2005，
　第24~37页。

乾隆帝第一次东巡躬祭祖陵礼成之后于盛京崇政殿行庆贺礼，在其第二次东巡时得以延续，并被写入成于乾隆二十四年（1759）的《大清通礼》，名曰"皇帝时巡盛京特行庆典升殿受贺之礼"，内容如下：

> 豫日，群臣具贺表送盛京礼部。届日，鸿胪寺设诏案表案各一于崇政殿内东旁，又设案一于丹陛正中；銮仪卫陈法驾卤簿于崇政殿外；乐部陈中和韶乐于殿阶下，陈丹陛大乐于丹墀南；工部官设台于大政殿外，鸿胪寺官设案于台上；礼部官陈表于龙亭内，校尉自部舁行，作乐前导至大清门，亭止，奉表进崇政殿恭设于表案；内阁官奉诏书陈于诏案如式。黎明，内外王公百官朝服、朝鲜国使臣服本国服，毕集。皇帝率王公朝于皇太后宫，百官会于大清门外，均随行礼，毕，鸿胪寺官序王公暨二品以上官班次于崇政殿前丹陛左右，序三品以下百官班次于大清门外左右，外藩王公台吉、朝鲜国陪臣各为一班附于班末，耆老、领催等于大政殿外东西。礼部尚书侍郎奏请御殿。皇帝礼服乘舆出宫御崇政殿，作乐、鸣鞭，群臣表贺行礼均如三大节朝贺仪。是日颁诏布告天下。①

乾隆朝《大清通礼》所云"是日颁诏布告天下"，并非每次东巡均行此礼，而是只在第一次东巡时作为庆贺礼的组成部分举行。这应该是承袭自康熙帝第一次东巡时回銮于太和殿所行之庆贺礼，不同的是，乾嘉道三帝行此礼的地点是在盛京的崇政殿和大政殿。光绪朝《钦定大清会典事例》记其仪式过程如下：

> 礼部鸿胪寺官豫设诏案表案各一于崇政殿内东旁，又设黄案一于丹墀正中，銮仪卫法驾卤簿于崇政殿前，陈黄盖云盘于丹墀内，乐部陈中和韶乐于殿檐下两旁，陈丹陛乐于两乐亭，皆北向，内阁学士恭奉诏文安设于殿内东旁黄案上，龙亭香亭豫设于礼部堂上……（宣表礼毕）大学士奉诏书至崇政殿檐下，授礼部堂官，礼部堂官跪受，由中阶左旁下至丹墀正中，安设于黄案上，行一跪

---

① 来保等纂修《钦定大清通礼》卷一八，页十二至十四，引自《景印摛藻堂四库全书荟要》史部第114册，总第200册，世界书局，第285~286页。

三叩头礼，跪奉诏书起，礼部官跪奉云盘受诏书安置云盘内，兴，黄盖前导由中道出大清门，文武各官随出大清门左右门……礼部官捧书诏至大清门外，置于龙亭，行一跪三叩头礼，兴，校尉异亭，亭前作导引乐，御仗前导，礼部堂司官随至大政殿外，亭止。礼部官行一跪三叩头礼，奉诏置于高台黄案。王以下文武各官皆于大政殿外排立，鸿胪寺官赞排班进，众排班皆进，耆老、领催等另一班排立。宣诏官登台西向立，鸣赞官赞有谕旨，众皆北面跪。宣诏官宣满汉诏书毕，礼部官恭奉设于龙亭，鸣赞官赞三跪九叩礼，行礼毕，校尉异亭，作导引乐，御仗前导至礼部月台上，亭止。礼部官预设香案，恭奉诏书设于案上，礼部堂官行三跪九叩头礼，誊黄刊刻，颁行天下。①

相较于庆贺礼的其他仪式，这个颁诏仪式更为重要，因为前者只是在盛京旧宫对群臣展示东巡祭祖的意义，后者则将之扩大到全国范围。这也体现在诏书的内容之中，兹引乾隆帝第一次东巡所颁诏书内容如下：

溯源报本，弥深追远之情；陈瑞荐馨，式重谒陵之典。我朝定鼎中原，统一方夏，重熙累洽，海宇升平，声教覃敷，民物康阜，百年于兹矣。缅维圣圣相承，肇基东土，太祖高皇帝、太宗文皇帝，诞膺景命，式扩鸿图，辽海沈阳，实为龙兴之地。朕缵承大统，夙夜孜孜，念祖宗缔构之艰难，思列圣燕贻之绵永。盛京旧地，瞻望桥山，敬考典章，肃申思慕。于乾隆八年秋，恭奉皇太后祇谒永陵、福陵、昭陵。大礼既成，留都是莅，瞻神丘之葱郁，仰祖德之灵长，爰沛德音，用颁湛惠，所有事宜，开列于后。

一、随从王等，纪录一次。大臣、官员及奉天文武大臣、官员俱加一级。一、随从兵丁及内务府执事人等，俱赏一月钱粮。一、奉天、山海关文武大臣、官员、兵丁，三陵守陵官兵，俱著加恩赏赍。总理行营王大臣速议请旨。一、奉天居住之宗室、觉罗及国戚子孙，俱著加恩。总理行营王大臣速议请旨。一、奉天府属应征乾

---

① 崑冈等修，刘启瑞等纂《钦定大清会典事例》卷二九五，引自《续修四库全书》，第802册，上海古籍出版社，2002，第686~687页。

隆九年分地丁银两，著宽免。一、奉天旗民男妇年七十以上者，给与布一匹，米五斗；八十以上者给与绢一匹，米一石；九十以上者倍之。一、凡试职官员，俱准实授。一、奉天府、宁古塔、黑龙江等处，除十恶死罪不赦外，凡已结正未结正死罪，俱著减等。其军流徒杖等罪，俱著宽释。一、奉天内务府庄头所有积欠，在乾隆七年以前者，俱著宽免。

于戏！谟烈显承，隆亿年之泰运，恩膏沾被，协万国之欢心。布告天下，咸使闻知。①

筵宴礼的各种仪式活动

筵宴礼也是清帝东巡躬祭祖陵礼成之后的例行典礼。康熙帝在第一次东巡祭陵礼毕后于大清门宴赉文武群臣②，第二次东巡也有"宴诸臣于旧宫"之举③，第三次东巡宴赉与否，史无所载。乾隆帝第一次东巡在行庆贺礼后于崇政殿"赐诸王、文武大臣官员及朝鲜国使臣宴"，随后又于当日在大政殿"赐盛京文武官员宴及父老酺，御制盛京筵宴世德舞辞"④，第二次东巡在行庆贺礼后于崇政殿"赐诸王、文武大臣官员及朝鲜国使臣、准噶尔输诚之宰桑等宴"，随后又于当日在大政殿"赐宗室觉罗等宴"⑤，第三次东巡因皇太后丧期尚在二十七个月之内，只是在崇政殿接受"扈从王公大臣并盛京宗室、觉罗、将军、官员及朝鲜使臣行礼"后"赐茶"而已⑥，第四次东巡则在崇政殿行庆贺礼后，于当日在大政殿"赐扈从皇子、王公、大臣，蒙古王、贝勒、贝子、额

---

① 《清实录》第十一册《高宗纯皇帝实录（三）》，中华书局，1985，第580~581页。
② "上入盛京城，御清宁宫大清门，设仪仗奏乐，召盛京将军、副都统、侍郎、年老致仕都统、副都统、侍郎及永陵、福陵、昭陵总管以下现任解任文武大小官员，宴赉有差。"《清实录》第四册《圣祖仁皇帝实录（一）》，中华书局，1985，第491~492页。
③ 康熙帝作"告祀礼成宴诸臣于旧宫"云："阊阖门开玉座春，金支遍插绮筵新，铿锵剑佩千官集，曼衍鱼龙百戏陈。功定舞干歌靖乱，恩留过沛乐同民，大风猛士何烦忆，仗下班联绛灌臣。"《圣祖仁皇帝御制文集》卷三十六，页八至页九，引自《景印摘藻堂四库全书荟要》集部第一册，总第348册，世界书局，1986，第297~298页。
④ 《清实录》第十一册《高宗纯皇帝实录（三）》，中华书局，1985，第579页。
⑤ 《清实录》第十四册《高宗纯皇帝实录（六）》，中华书局，1985，第1108页。
⑥ 《清实录》第二十二册《高宗纯皇帝实录（十四）》，中华书局，1985，第242页。

驸、台吉及盛京文武大臣官员、朝鲜国使臣等宴，并赏赉有差"①。嘉
庆帝两次东巡均在行庆贺礼后，于次日在大政殿"赐扈从王公、大臣官
员，蒙古王、贝勒、贝子、公、额驸、台吉及盛京文武官员、朝鲜国使
臣等宴，赏赉有差"②。道光帝东巡则于行庆贺礼三日后在大政殿"赐
扈从王公、大臣官员，蒙古王、贝勒、贝子、公、额驸、台吉及盛京文
武官员、朝鲜国使臣等宴，赏赉有差"③。

　　除了嘉庆帝的两次东巡，清帝东巡躬祭祖陵礼成之后所行筵宴礼，
不管是时间、地点还是对象并不完全统一。但是，从仪式的角度来看，
此礼应是在乾隆帝第一次东巡时形成定制的。清代盛京内务府档案中保
存有乾隆八年筵宴仪注，与《嘉庆东巡纪事》中所记筵宴仪注相同④，
而光绪《钦定大清会典事例》中所载"大政殿筵宴"仪注，也与上述
二者相差无几，其所载具体仪式如下：

　　　　皇帝御大政殿筵燕。随驾王以下及盛京文武大臣官员皆穿蟒袍
补褂先集，豫设中和韶乐于大政殿檐下，设清乐于东旁，设丹陛乐
于大政殿前北向。豫设御燕桌于宝座前正中稍远，张黄幕于丹墀正
中，陈金器于反坫桌上。殿内两旁，设入班王公大臣并蒙古王公等
桌张，丹墀左右设群臣宗室等桌张，朝鲜使臣等桌张设于左旁之
末。鸿胪寺理藩院官引班入，各就本位立。

　　　　至时，内务府大臣奏请皇帝御龙袍衮服，升大政殿，中和韶乐
作，奏元平之章，皇帝升座，乐止。三以下文武各官暨朝鲜使臣
等，各就位次行一叩头礼，坐。内管领护军参领等进馂馂桌张，丹
陛乐作，奏海宇升平日之章，尚茶正进茶，皇帝用茶时，众俱于坐
次行一叩头礼，侍卫分赐众茶毕，各于坐次行一叩头礼，饮毕，复
行一叩头礼，坐，乐止。展席幂，掌仪司官由反坫桌上奉壶、爵、

---

① 《清实录》第二十三册《高宗纯皇帝实录（十五）》，中华书局，1985，第899页。
② 《清实录》第二十九册《仁宗睿皇帝实录（二）》，中华书局，1986，第1045页；《清
　实录》第三十二册《仁宗睿皇帝实录（五）》，中华书局，1986，第580页。
③ 《清实录》第三十五册《宣宗成皇帝实录（三）》，中华书局，1986，第482页。
④ 《黑图档》乾隆十九年部来档之二，沈阳：辽宁省档案馆藏。转引自佟悦《清帝东巡
　谒陵期间盛京故宫的两项典礼》，载《故宫博物院院刊》第一辑，中华书局，2005，第
　24～37页。

金卮从中路进，丹陛乐作，奏玉殿云开之章，众先起立，掌仪司官上殿阶西向立酌酒，进爵大臣出殿，释补褂入殿内跪，众俱于坐次跪，掌仪司官奉爵入，跪授进爵大臣，起退，进爵大臣接爵起，进御座侧跪进爵，复至原跪处跪，皇帝用酒时，进爵大臣行一叩头礼，众皆行一叩头礼，进爵大臣起，进御座侧跪接爵退，仍至原跪处跪，掌仪司官跪接爵退，众皆起立，掌仪司官以金卮酌酒，立赐进爵大臣，进爵大臣跪受，行一叩头礼，饮毕，掌仪司官立接卮退，进爵大臣复行一叩头礼，兴，出殿穿补褂入就原坐，众皆就坐，乐止。尚膳正进馔，清乐作，奏万象清宁之章，皇帝用馔，尚膳正分给各筵恩赐食品，领侍卫内大臣起，监视侍卫等分赐酒，众行一叩头礼，饮毕，复行一叩头礼，乐止。随进世德舞乐曲，次喜起舞，大臣分队于殿廊下依次进舞，毕，蒙古乐曲进，次进善扑人十对，毕，众皆于坐处行三叩头礼，兴。内务府大臣奏筵宴礼成，中和韶乐作奏和平之章，皇帝还宫，乐止，各退。①

整个筵宴礼十分烦琐，主要由皇帝升殿、进茶赐茶、进酒赐酒、进馔赐馔、宴间乐舞等活动组成，每个仪式环节用乐各不相同。道光朝续修《大清通礼》"盛京大政殿筵燕之礼"条所记则相对简洁，其内容如下：

先期，行在礼部会内务府疏请，得旨。布诸司供备，疏列随驾领侍卫内大臣，奏请命进爵大臣。届日，豫设中和韶乐于大政殿檐下，设清乐于左，设丹陛大乐于殿前北向，设御筵于宝座前，丹墀正中张黄幕，设反坫于幕内，陈壶爵金卮。殿内左右布内外王公大臣席，丹墀左右布各官宗室席，朝鲜使臣席于左旁之末，随驾王以下及外藩王、公、盛京文武大臣、官员、宗室等蟒袍补服，暨朝鲜国使臣，齐集，鸿胪寺理藩院官分引王以下各就本位祗俟。届时，内务府大臣奏请皇帝御殿行燕礼，乃进茶，次进爵，次进馔，及分赐茶酒食品毕，世德舞人进，司章歌御制世德舞十章（辞略），喜

---

① 崑冈等修，刘启瑞等纂《钦定大清会典事例》卷二九五，引自《续修四库全书》，第 802 册，上海古籍出版社，2002，第 687~688 页。

起舞大臣循声对舞，歌阕，退，次进善扑人，毕，撤御宴。王以下谢恩，皇帝还宫，各退。其余行礼作乐诸仪节均与太和殿筵宴同。①

三

在清帝东巡过程中，祭祀祖陵活动分别在盛京的三陵和皇宫中展开，从而使东北成为展示并实践孝治天下观念的地方，其作为清朝根本重地的地方意象通过各种仪式活动不断得到强化。这些仪式活动虽然融合了一些满人传统，但在总体上仍然是对汉文化的沿袭，其观念核心在于孝治天下的治国理念。这种观念是清朝获得统治合法性、确立王朝权威的重要文化资源，而在东北展开祭祀祖陵活动更加符合作为孝道根基的报本反始观念，这是清帝东巡躬祭祖陵最重要的政治意义所在，也是东巡诸帝把东北看作清朝根本重地并对之进行地方营造的根本原因。

在努尔哈赤崛起于东北之初，并没有确切的祭祖仪式，但是，随着孝道观念的播衍，及至皇太极时代，祭祀祖陵已经形成典制，孝是其观念核心，从而使祭祖的道德意义超越了宗教意义②。不管是努尔哈赤还是皇太极，都看到了孝的政治意义，并付诸实践。清帝东巡的躬祭祖陵活动是对这一传统的延续，在把孝治天下体现得淋漓尽致的同时，也通过各种仪式活动及其文化展示参与到了东北的地方营造之中。

从国家祭祀制度的角度来看，清帝躬祭祖陵的活动滥觞于努尔哈赤，并在皇太极那里渐成定制。早在天命十年三月初三（1625年4月9日），努尔哈赤便因迁往沈阳而"谒父祖之墓祭扫清明，于二殿杀五牛，备纸钱而祭之"③。次年，努尔哈赤殁。直到天聪三年（1629）才迁葬于沈阳城东石嘴头山即天柱山，同一年的清明节，皇太极"率诸贝

---

① 穆克登额纂修《钦定大清通礼》，卷四十，页五十一至五十四。昌平坂学问所藏。
② 黄丽君：《孝治天下：入关前后满族孝道观念之转化及其影响》，"国立"中正大学硕士学位论文，2006，第28~31页。
③ 中国第一历史档案馆、中国社会科学院历史研究所译注《满文老档》，中华书局，1990，第626~627页。

勒大臣诣太祖梓宫前行告祭礼，奠酒、举哀、焚楮币、读祝"①。此后，皇太极也多次于清明节祭祀太祖山陵。天聪九年十二月二十一（1636年1月28日），皇太极"率诸贝勒大臣诣太祖陵，以察哈尔汗妻子举国来归兼获玉玺上瑞及莽古尔泰、德格类、莽古济等逆党伏法，焚楮祭告太祖，特读祝"，并谕诸大臣曰："自古以来，凡国有吉庆及变乱之事，俱有告祭之典，今当祗遵典礼，奉告皇考在天之灵。"② 转过年来，皇太极改元崇德，国号大清，并以建太庙事告祭太祖山陵，并称此举是为了"仰体皇考孝心"，随后又定太祖陵曰福陵③。同年六月，定祭太庙、福陵典礼："除夕，圣汗亲往太庙上香举灯致祭，遣员至福陵，刑牛羊致祭；七月，圣汗亲往各庙，刑牛羊致祭，遣员至福陵上香举灯致祭；清明节，汗亲往福陵，刑牛羊致祭，遣员至庙中上香举灯致祭；圣汗诞辰，遣员至福陵献酒果上香举灯致祭，并于庙中上香举灯；太祖、太后忌日，圣汗著素服，出大清门，不鸣锣鼓，不作乐，不事刑赏，不杀生，文武各官俱著素服入见汗，不奏事，特遣勋旧首辅大臣一员往福陵致祭，只备香、灯、酒果等祭物。"④

从祭祀观念的角度来看，清帝祭祀祖陵的观念核心在于孝。虽然满人在历史上有敬老的传统，但并无孝道观念。及至建州女真崛起于辽东，儒家的孝道观念在政治的层面上得到强调。天命十年（1625），努尔哈赤以孝悌之道训谕诸贝勒曰："书云：'其为人也孝悌而好作乱者，未之有也'，同样，我等世代子孙，亦当孝父母悌兄长，于礼仪之地，勿悖孝悌之道；闲居之时，长者仍按其礼，勿使少者惧怕，和睦相处；少者恭敬长者，则以忠心敬之；长者悯爱少者则以诚意爱之，勿容虚伪也。"⑤ 努尔哈赤在敬老传统的基础上融入了孝道观念，并将其与"忠"相结合，显然有现实的政治考量。这种忠孝结合的观念在皇太极那里也有体现，重要的是，后者对孝的认识已经上升到国家治理的高度。崇德

① 《清实录》第二册《太宗文皇帝实录》，中华书局，1985，第69页。
② 《清实录》第二册《太宗文皇帝实录》，中华书局，1985，第338~339页。
③ 《清实录》第二册《太宗文皇帝实录》，中华书局，1985，第363~364页。
④ 中国第一历史档案馆、中国社会科学院历史研究所译注《满文老档》，中华书局，1990，第1489页。
⑤ 中国第一历史档案馆、中国社会科学院历史研究所译注《满文老档》，中华书局，1990，第630页。

二年（1637）四月，皇太极援引《大学》所言修身、齐家、治国、平天下训谕诸贝勒曰："尔等若谨好恶之施，审接物之道，御下以义，交友以信，如此则身修矣；孝其亲，悌其长，教训及其子孙、亲戚，如此则家齐矣，身修家齐而国不治者，有是理乎。"① 孝治天下的理念在皇太极的这一训诫中已经体现得淋漓尽致。

满人入关之后，盛京三陵至顺治八年（1651）已经形成，其祭祀之礼也逐渐完备。顺治二年（1645）二月，"礼部奏言，凡遇清明等节，应令驻防盛京总管官分率城守章京，往祭福陵、昭陵；其东京、兴京祖陵，令城守官奠祭；盛京四祖庙，令守庙总管官献酒果，从之"②。顺治三年（1646）又"定盛京每年岁除、清明及庆贺，祭昭陵如祭福陵礼，每月朔望，于福陵、昭陵献酒果，燃香烛；祭祖庙照京师牲用生，祭福陵、昭陵，牲仍用熟，罢昭陵每日致献"③。至顺治八年（1651）六月，又制定了完备的祖陵祭祀典制，其中涉及盛京三陵的内容如下：

> 兴京、东京四祖陵，于冬至、岁暮、清明、中元、十月朔俱致祭。其祭品，冬至、岁暮、清明各用牛一，献酒果，上饭，上羹，供香烛，焚帛，读祝文。中元、十月朔各用羊一，献酒果，供香烛，焚帛，读祝文。五祭俱遣宗室觉罗大臣致祭。每月朔望，荐熟羊一，献酒果，供香烛，令守陵章京致祭。
>
> 祭福陵、昭陵，上躬往，自左门入；若遣官，自右门入。祭文、祭品悉由中门入。福陵，于牌楼前下马；昭陵，诸王则于立狮子处下马，官民则于树红椿处下马。
>
> 福陵、昭陵，除清明、中元、岁暮照常致祭外，每岁十月朔、冬至，亦各致祭一次。其祭品，十月朔用酒果、供香烛，冬至用牛羊豕，献酒果，上饭，上羹，供香烛，焚帛，读祝文。④

其中出现了"上躬往"一语，似乎表明顺治帝的东巡之议与此有

---

① 《清实录》第二册《太宗文皇帝实录》，中华书局，1985，第445页。
② 《清实录》第三册《世祖章皇帝实录》，中华书局，1985，第145页。
③ 《清实录》第三册《世祖章皇帝实录》，中华书局，1985，第200页。
④ 《清实录》第三册《世祖章皇帝实录》，中华书局，1985，第456页。

关，与此相比，先祖对孝道观念的强调更加重要，这也是顺治帝执拗地以"展孝思"为东巡之目的的深层原因。顺治帝深知孝治天下的重要性，但其执拗却把自己置于情理纠葛的两难境地，终致东巡之愿未有所遂。康熙帝看似以"告成功"取代了"展孝思"，但在帝国事业的层次上，"告成功"恰恰是孝治天下的集中体现，所以躬祭祖陵在其三次东巡中始终是最重要的活动之一。乾隆帝继承了康熙帝的东巡事业，并且希望以祭祀祖陵"摅悫忱"和"示来许"，以另一种方式体现了其对孝治天下的诠释。

清帝东巡是清朝强调其统治合法性的政治手段，隐藏其背后的则是明清鼎革之际的社会重构。满人入关后对东北的重视，将其视为清朝的根本重地，便寓于这种社会重构之中。在这种深层的历史发展脉络中，清帝东巡的重要价值得以显现，即从文化上对东北进行地方营造，通过各种活动来展示特定的文化观念，彰显东北作为清朝根本重地的地方意象，以孝治天下为核心观念的祭祖仪式活动便是其中之一。

满人入关之后，清朝皇帝视东北为根本重地，并做出了相应的政治与文化选择[①]，但因为满汉之间的社会张力，在东北实施的行政制度和移民策略却难言成功，从而很大程度上弱化了东北的实际地位，相较而言，清帝东巡活动特别是其祭祖活动，则在文化上实现了巧妙的连接，并通过繁冗的祭祀仪式和文化展示强化了东北作为清朝根本重地的地方意象。这种文化连接很容易被纳入"汉化论"或"新清史"的论题之中。"汉化论"曾经在清史学界占据主流地位，隐藏在其背后的是"汉族中心主义"。

人类学的涵化理论对理解东北地方营造具有一定的理论意义。特定条件下的文化交流不是创造出一种新的同质文化，而是两种相互适应的文化的共存，有时融合的结果是形成不同于原有文化的"第三种文化"。清朝的多元性正是这种文化的表征，需要进一步追问的是这种多元性如何发生，萨林斯（Marshall Sahlins）的结构并接理论对此颇有助益。

萨林斯基于库克船长之死的相关材料，重构了西方人与夏威夷人早

① 刘凤云：《陪都盛京：满洲入主中原后对"根本之地"的政治与文化选择》，载《清史研究》，2018 年第 2 期。

期接触的历史，认为所有结构转化都涉及结构的再生产，这种转化和再生产蕴含于历史的过程之中，并在文化接触的具体情境和事件中得到体现①。在深层结构与具体情境和事件之间，对于结构转化和再生产起到决定作用的是文化图式，因为在历史的过程中，意义因文化的接触而不可避免地发生变化。这种变化既受文化图式的制约，也被历史中的社会过程所左右，从而造就出诸如库克之死这样的历史事件。因此，事件绝非偶然，而是历史之河的结构过程中涌现的浪花。基于这种认识，萨林斯提出"结构并接"（structure of the conjuncture）这一概念和理论来处理结构与事件之间的关系，认为结构并接是一系列的历史关系，这些关系在再生产出传统文化范畴的同时，又根据现实情境赋予它们新的价值②。萨林斯的结构并接理论使列维-斯特劳斯（Claude Lévi-Strauss）对于历史与结构的探讨焕发了新的生命力，在以文化补充结构与思维之间存在的巨大空间的同时，也把事件或者具体的史实真正纳入人类学研究对象的范畴之中。结构并接理论不仅认识到不同的文化有不同的历史性，更重要的是，呈现了结构在历史过程再生产的社会与文化机制。如果说列维-斯特劳斯对基本结构与野性思维的执着导致其一头扎进神话世界而不能自拔的话，那么萨林斯对结构并接的强调则使历史回归到文化的本性之中，生与死、神话与历史在人类学的视野中不再各居一端，而是经由结构并接融于文化的生生不息之中。结构并接理论这一核心要义对于理解清帝东巡及相关历史与社会过程极具启发意义。

如果说萨林斯的结构并接理论更强调文化遭遇的"无意识"后果，那么清帝东巡及其文化表现则完全是出于统治者的有意安排。在这个过程中，不仅特定文化图式的内在意义成为政治操弄的对象，而且其本身也被当作特定文化的象征而进入结构并接之中。换言之，清帝东巡作为结构并接的一个后果，其结构在生产的过程并非存在于不同的群体的遭遇之中，而是存在于皇帝对于文化图式的政治操弄之中，这种政治操弄的前提是，皇帝对不同的文化图式及其意义有着清醒的认识。这一点在清帝东巡的初创及各种活动中均有体现。顺治帝对孝道文化体认至深，

---

① Marshall Sahlins, *Historical Metaphors and Mythical Realities: Structure in the Early History of the Sandwich Islands Kingdom* (Ann Arbor: The University of Michigan Press, 1981), p. 68.

② Marshall Sahlins, *Islands of History* (Chicago: University of Chicago Press, 1985).

执着于孝道文化的伦理意义，不愿将其纳入政治操弄的领域，导致结构并接无法发挥历史的效力，东巡之议因此而最终流产。康熙帝对东巡之议的改造借助继承大统和平定叛乱的历史情境，以"告成功"之名实现了对孝道文化的实用性和象征性挪用，使清帝东巡上升到国家事业的层面得以实践。对于康熙帝而言，其基本追求在于对清朝统治合法性的确证，至于特定文化图式的族群归属甚至内在意义已经无关紧要了。换言之，对特定文化图式之内在意义的理解只是政治操弄的基本条件，而对特定文化的提倡也不过是托辞而已，重要的是如何发挥其政治效力，这也是文化展示在清帝东巡过程中如此频繁的根本原因。

总之，清帝东巡作为结构并接的历史后果，其历史展开的过程并非源于偶然的文化遭遇，而是处于皇帝有意识的政治操弄之下。在这个意义上，清帝东巡既源于明清鼎革之际的社会变迁及其带来的文化接触，同时又在社会重构的过程中，通过有意识的结构并接营造出不同的政治文化，反过来推动了清朝的社会变迁。也正是在这个历史过程中，清帝东巡祭祖参与到了东北的地方营造之中，通过各种仪式强化了东北作为清朝根本重地的地方意象。

Emperors Sacrifice to Ancestors during Inspection Tour and Place-making of Manchuria in the Qing Dynasty

Abstract: The emperors' northeastern inspection tour was an integral component of the Qing Dynasty's imperial enterprise and a crucial measure in governing Manchuria society. During the inspection tour, the activities of sacrificing to ancestors were of paramount importance, consisting of mausoleum sacrificial rite, celebration rite and feasting rite, etc. Through various rituals, these rites reinforced the concept of filial piety governing the world, inheriting Han culture while also integrating some Manchu traditions. They were a political culture created through the "structure of the conjuncture" and were consciously manipulated by the Qing Emperors. The activities of sacrificing to ancestors made Manchuria a place to practice and demonstrate filial piety concepts, the place image of the Manchuria as a fundamental stronghold of the Qing Dynasty was also made through various ritualized cultural performances.

Keywords: Qing Emperors' Northeastern Inspection Tour; Sacrificing to Ancestors; Ritual; Place-making

金川战争与流动人群治理策略
之转变（1736~1795）

潘亦迎[*]

摘要：明清时期的边疆战争往往会在政治制度、财政能力、人口动员等方面重塑国家建设方式。本文以两次金川战争时期（1747~1749；1771~1776）的流动人群为例，探讨边疆战争如何影响清朝内地的国家与社会互动。由于流动人群是清朝国家统治在向金川地区推进过程中的重要基础，清政府与流动人群的关系在作为战争资源集结地的四川省及其他西南省份发生了重大转变。至乾隆末期，清政府已开始尝试通过正面扶持工矿业等政策来保证流动人群的生计与社会秩序，而非依赖保甲、限制移民等传统策略以区隔流动人群与所谓在籍良民。由于金川战争时期亦是清朝整体人口、疆域、财政格局发生重要转变的时期，有必要对清朝自乾隆中期以降的人群分类与治理策略转变作更整体之梳理。

关键词：金川战争　军事动员　流动人群　国家建设

一　引言

目前有关明清时期国家建设（state building）的讨论中，已有丰富的研究论及边疆战争对于国家建设的重要影响。这些研究主要包括宏观

---

*　潘亦迎，香港理工大学中国文化学系助理教授。

比较与区域社会史两种方法路径。一方面，濮德培（Peter C. Perdue）、何文凯、李怀印等人的研究主要在宏观层面探讨明清时期的军事动员与中央政府财政能力、跨区域市场体系之间的交互影响，并将之与同时期其他国家的军事动员经验进行比较，以反思并丰富此前主要基于西欧经验的国家建设理论。① 另一方面，亦有不少研究关注军事动员、军事制度作为国家建设机制如何重塑了边疆（包括外疆及内疆）社会。例如，赵世瑜、宋怡明（Michael Szonyi）等人便揭示了军需后勤、卫所制度等因素会如何重塑边疆社会的经济结构、族群认同和基层治理方式。② 然而，有关军事动员如何影响内地的国家与社会互动，现有研究讨论则相对不足。③ 对于明清时期的中央政府而言，无论在战时还是战后，内地与边疆的治理实则是深刻关联的。边疆战争需大规模调度内地的人力物力，边疆的扩张则又会改变整个国家的人口、疆域、资源及族群等因素间的关系，从而促使政府调整其对于内地民人的界定与治理策略。

本文以 18 世纪的两次金川战争为例（1747～1749；1771～1776），

① 参见 Peter C. Perdue, "Military Mobilization in Seventeenth and Eighteenth-Century China, Russia, and Mongolia," *Modern Asian Studies* 4 (1996): 757-793; Idem, *China Marches West: The Qing Conquest of Central Eurasia* (Cambridge: Belknap Press, 2010), pp. 518-565; Wenkai He, *Paths Toward the Modern Fiscal State: England, Japan, and China* (Cambridge: Harvard University Press, 2013); Huaiyin Li, *The Making of the Modern Chinese State, 1600-1950* (London and New York: Routledge, 2020).

② 参见赵世瑜《卫所军户制度与明代中国社会——社会史的视角》，《清华大学学报》（哲学社会科学版）2015 年第 3 期；Michael Szonyi and Zhao Shiyu, *The Chinese Empire in Local Society: Ming Military Institutions and Their Legacy*, trans. by Joel Wing-Lun (London and New York: Routledge, 2021)。最后一部文集中的不少文章，另有相关中文版发表。其中比较有代表性的有谢湜《"以屯易民"：明清南岭卫所军屯的演变与社会建构》，《文史》2014 年第 4 期；龙圣《屯堡家神祭祀的起源与变迁——四川冕宁的案例》，《宁夏社会科学》2018 年第 4 期；杨培娜《谁的堡垒——明代闽粤沿海卫所的居民化路径比较》，《国家航海》2019 年第 1 期。

③ 宋怡明的近作 *The Art of Being Governed* 讨论到了这一话题。书中的某些案例反映了明代的卫所制度如何影响了内地百姓的家族策略与宗族发展。参见 Michael Szonyi, *The Art of Being Governed: Everyday Politics in Late Imperial China* (Princeton: Princeton University Press, 2017), pp. 1-79。就本文所关注的四川省而言，戴莹琮亦讨论过清政府对西藏的用兵及相关战略考量如何影响了其对四川的治理方式。参见 Yingcong Dai, *The Sichuan Frontier and Tibet: Imperial Strategy in the Early Qing* (Seattle: University of Washington Press, 2009), pp. 147-225。

探讨边疆战争对于内地社会的影响及其所重塑的国家与社会关系。针对两次金川战争中的军事动员，戴莹琮、田宇利（Ulrich Theobald）已作基本梳理。由于两位学者主要使用清朝中央政府的档案文献，故其研究主要讨论战时军需后勤的制度设计以及官员、商人在这之中的角色，对于金川战争如何改变国家与底层民众在战时及战后的关系则着墨不多。① 本文以底层流动人群为分析重心，通过整合清朝中央政府与多个县级政府的档案来回应上述议题。本文所谓底层流动人群，指一般以各类劳力佣工或小本生意谋生、流动性较高的社会群体，如矿工、灶户、脚夫、船夫、小贩等。由于这些群体的经济状况不稳定，且容易被卷入走私、盗窃、抢夺等不法活动，清朝官方记载往往会对这些人冠以"流民""游民""奸民"等歧视性标签。然而，由于两次金川战争对于大规模人力调度的需求，这类流动人群逐渐在军需后勤供给中扮演了主力角色。与此同时，大规模的战时动员也深刻改变了四川省内的交通网络与人口流动形态，使得政府所试图强调的在籍良民与无籍游民之间的边界变得非常模糊。本文指出，由于流动人群是清朝国家统治在向金川地区推进过程中的重要基础，清政府与流动人群的关系在作为战争资源集结地的四川省（及其他西南省份）发生了重大转变。至乾隆末期，清政府已开始尝试通过正面扶持工矿业来保证流动人群的生计与社会秩序，而非依赖保甲、限制移民等传统策略以区隔流动人群与所谓在籍良民。下文将首先对金川战争略作介绍，进而重构金川军需所调动的人群流动规模及形态，最后讨论战时动员如何重塑了国家与流动人群在四川等西南省份的互动关系。

二　金川战争与清朝政治经济格局之变动

大小金川部落位于四川西北部的嘉绒地区，该地北接甘肃青海，西接西藏，南临云贵，曾属中央王朝与蒙藏的交界地带和政治角逐地带。清时的嘉绒地区共有十八土司部落，除大小金川土司外，还有革布什咱、

---

① 参见 Yingcong Dai, "The Qing State, Merchants, and the Military Labor Force in the Jinchuan Campaigns," *Late Imperial China* 2 (2001): 35–90; Ulrich Theobald, *War Finance and Logistics in Late Imperial China* (Leiden: Brill, 2013)。

杂谷、梭磨、明正土司等。乾隆以前，清廷对于十八土司曾长期施行"以番治番"的治理策略。中央政府并不直接介入对十八土司的控制，而是期望他们相互制衡，从而维持该交界地带的和平与秩序。然而，从乾隆十年（1745）前后开始，大金川日益独大，与其他诸部之冲突逐渐加剧，且有打破部落之间力量平衡之势。因见"以番治番"之策不复现实，清廷从乾隆十二年（1747）开始举兵介入大金川与其他诸部之间的冲突，第一次金川战争由此开始。然而，由于大小金川所处地区的特殊环境，征战的难度远超过清廷的预期。清军与大金川相持不下，至乾隆十四年（1749）大金川土司派头人乞降方暂时议和，但清军与大小金川部落间的冲突在第一次金川战争后仍时有发生。乾隆三十六年（1771），清廷再次大规模征战大小金川，周旋至乾隆四十一年（1776）才结束战争，将大小金川改土归流。①

两次金川战争前后三十年，其耗时如此之久与金川地区的环境特征密切相关。首先，两金川地区多为险绝高山，"重关叠嶂，山路险巇"，故难行车马。金川虽地处大渡河上游，但此地的水道多急流险滩，所以水运亦不可行。其次，由于金川地区海拔高、气候寒冷，大部分地方长年被积雪与冰柱覆盖，使得行军更为艰困。② 此外，金川碉楼林立，为当地村寨的重要防御体系。这些碉楼高十米至六十米不等，以村寨为单元构成严密阵形，内设瞭望台、枪炮口及地下通道，十分难以攻克。③ 第一次金川战争中的主将张广泗（？~1749）曾尝试挖地道、埋地雷、围绝水道等多种攻碉之法，然每种进攻策略一经使用便会被对方防范，故

---

① 前人对于两金川部落所处地缘位置、两金川战争过程、金川善后策略的研究讨论颇为丰富，参见庄吉发《清高宗十全武功研究》，中华书局，1987，第109~182页；戴逸、华立《一场得不偿失的战争——论乾隆朝金川之役》，《历史研究》1993年第3期；徐法言《第一次金川之役起因初探》，《四川大学学报》（哲学社会科学版）2012年第5期。有关宗教在金川征战及善后过程中之角色，参见 Joanna Waley-Cohen, *The Culture of War in China: Empire and the Military under the Qing Dynasty*（London: I. B. Tauris, 2006），pp. 55~65；徐法言《金川战役与大、小金川地区官主山川祭祀的兴起》，《四川大学学报》（哲学社会科学版）2017年第2期。
② 有关金川地区地理环境及气候之描述，参见李心衡《金川琐记》卷二，中华书局，1985年影印本，第11~14页。
③ 彭陟焱：《论大小金川战争中碉楼的作用》，《西藏民族学院学报》（哲学社会科学版）2010年第2期。

这些战法难以重复使用。① 总而言之，由于上述地形地势、气候及战术困境，金川战争中的火炮、军粮、军饷及其他军需物资运输主要依赖脚夫背运。然而，由于从内地征调的脚夫多不适应金川一带的环境，运输速度仍然有限且途中多有伤亡。清政府虽在战争中逐渐吸纳周边部落的番民参与后勤补给，但军需后勤的难题始终存在。

由于上述诸种原因，两金川部落虽辖地不广且人口稀少，却使清政府在征战中耗费了巨大的财力物力。第一次金川战争共费银逾 10000000 两，用兵近 80000 名，调民夫约 250000 名。第二次战争则耗银 61600000 两，用兵逾 129500 名，调民夫约 462000 名，为乾隆朝军费开支最大的一次战争。② 两次金川战争的开销虽未威胁清廷的财政能力，但依然因紧急战时需求而出现过后勤支援不足、前线军饷不够开销的境况，从而需要大规模地在四川省内调度临时夫役并动员商运。此外，两次金川战争所涵盖的三十年恰好是清朝疆域发展并逐渐定型的鼎盛时期，亦是人口大规模增长、跨区域市场体系深入西部地区的社会经济转变期。因此，金川战争中所形成的在战时协调军费、人口流动及地方治安的策略实则折射出了清朝自 18 世纪中期开始所需应对的新的疆域、人口及财政格局，故有必要展开讨论。

三　战争后勤与流动人群之动员

在两次金川战争中，清政府均调动了大量民夫来负责军需军饷运输、前线炮火安设等后勤事务。这些民夫所担负的后勤任务主要包括以下几类：（1）物资运输，主要包括军饷、军粮、军装、鸟枪、纸张等军需物资的运输；（2）前线炮火的铸造及抬运；（3）前线基础设施的搭建布置，如刨雪、搭建军帐、铺设前线道路、修建营地木石城墙等；（4）抬运战争中的伤亡人员；（5）作为随营长夫跟随军队前行，以负

---

① 来保：《平定金川方略》卷三，拉巴平措、陈家编《西藏学汉文文献汇刻》第一辑，全国图书馆文献缩微复制中心，1991，第 60~65 页。

② 军费及兵役数据主要结合了庄吉发与戴莹琮的研究，参见庄吉发《清高宗十全武功研究》，第 172~173 页；Yingcong Dai，"The Qing State，Merchants，and the Military Labor Force in the Jinchuan Campaigns，" p. 37.

责沿途的后勤杂务。①

按照清政府的规定，这些民夫的主力（又称"长夫"）应由各州县官从其辖区内雇募并以三个月（乾隆三十七年后调整为五个月）为周期进行轮换。然而，在第一次金川战争中，便已出现了因长夫人数不足而需在流动佣工群体中雇用"客夫"或在前线雇用"蛮夫"（或称"番夫"）的情况。例如在乾隆十三年（1748），四川巡抚纪山、四川副都统卓鼐先后奏请添雇内地人夫及杂谷地区的蛮民，以缓解运饷运粮之艰困。② 至第二次金川战争，在长夫之外添设短雇客夫及短雇"蛮夫"已成为军需站台的通行做法。针对以上各类参与金川战争的民夫，已有研究往往仅论及其整体规模，认为第一次金川战争共调动民夫约250000 名，第二次金川战争共用民夫约 462000 名。然而，由于这一数据是基于清朝中央政府的档案统计的，故可能与实际的在地情况存在出入。③ 数据本身亦无法体现民夫群体的其他面向，如其活动的地理范围、后勤任务频率、长夫与短雇夫役的比例等。下文将结合《平定两金川军需例案》（后简称《金川例案》）与《清代四川南部县衙档案》（后简称《南部档案》）中的四份清册对参与金川战争的夫役的流动性作更深入的讨论。

《南部档案》中的四份清册对于讨论金川战争的在地动员情况意义重大，但在已有研究中鲜少被论及。④ 这四份清册均由南部县知县凌梦曾于乾隆三十六年（1771）十一月至乾隆三十七年（1772）六月编纂。金川战争期间，如凌梦曾一般的四川省内州县官吏均需轮流前赴

① 有关这些后勤任务的规定，第一次金川战争中的情况可参见《清高宗纯皇帝实录》卷317，乾隆十三年六月二十七日，中华书局，1986 年影印版，第 212b~213b 页；第二次金川战争中的情况可参见郑栖山编《平定两金川军需例案》下卷，全国图书馆文献缩微复制中心，1989 年影印本，第 104~112 页。此外，戴莹琮已对这些民夫所负责的后勤任务作归纳讨论，故本文不再赘述，参见 Yingcong Dai，"The Qing State, Merchants, and the Military Labor Force in the Jinchuan Campaigns," pp. 41-45。

② 《清高宗纯皇帝实录》卷 307，乾隆十三年正月十八日，第 14b~15b 页；卓鼐《请饬下西南两路军营雇用内地佣工之杂谷番民运送军粮》，《军机处档折件》，台北故宫博物院，故机 001793。

③ 参见郑栖山编《平定两金川军需例案》点校说明，第 3 页；Ulrich Theobald, War Finance and Logistics in Late Imperial China，p. 167。

④ 笔者仅见梁勇曾对其中的两份清册作过简介与抄录，参见梁勇《清〈南部档案〉与乾隆三十七年的金川之役》，《华南研究资料中心通讯》2005 年第 40 期。

军需站台当差六个月，负责特定站点的民夫调度与监管、差费管理与报销等任务。凌梦曾所任职的站点为化林坪站，属于靠近前线、位于四川省与金川等边疆地区之间的口内陆运站点。他所编纂的四份清册详细记录了化林坪站在其任期内所经历的人员变动以及所经手的军需任务，故为讨论金川战争期间民夫群体的规模及流动范围提供了重要的线索。①

基于这四份清册，我们首先可对参与金川军需服务的民夫规模作更深入的讨论。化林坪站所雇募的夫役共分为长夫、短雇客夫、短雇"蛮夫"三类。其中，长夫为较稳定的在站夫役。在凌梦曾的半年任期内，化林坪站共接收了五个批次的长夫，共涉 809 人次，② 分别来自成都县、冕宁县、江津县（共提供过两批夫役）、珙县。除了由成都县派遣的夫役在化林坪站当差六个月，其他县的夫役的任期均为三个月。在长夫之外，凌梦曾还会因特定的军需任务而就近雇用临时的客夫与蛮夫。这类短雇夫役每次往往只在站服务一天，任务完成后即行解散。自乾隆三十六年底至乾隆三十七年，化林坪站共雇用过客夫 1405 人次，蛮夫 1766 人次。③ 综合以上三类夫役的数据可见，在化林坪站的军需调度中，由四川省内州县官所雇募的民夫仅占整个夫役群体的五分之一左右。军需任务所牵涉的短雇客夫及蛮夫的规模均超过了在站长夫，而这些短雇夫役往往是流动性很高的底层佣工群体。④ 此外，以上数据亦为估计整体

---

① 这四份清册分别为《为造报旧案军需支给过站夫役口粮并夫头押差工食银两事呈保宁府》（四川省南充市档案局编《清代四川南部县衙门档案》第一册，黄山书社，2015，第 300~364 页）、《为造报旧案军需支给过站长夫盘费银两事呈保宁府》（《清代四川南部县衙门档案》第一册，第 286~288 页）、《为造赍旧案军需运送饷鞘赏需等项支销夫工事呈保宁府》（《清代四川南部县衙门档案》第一册，第 290~299 页）、《为造赍旧案军需运送军装鸟枪等项支销夫工银两事呈保宁府》（《清代四川南部县衙门档案》第一册，第 366~405 页）。

② 由于一个站点可能多次雇用同一名夫役（这种情况在短雇夫役中或更常见），故在此统计为人次而非人数。

③ 参见《为造报旧案军需支给过站夫役口粮并夫头押差工食银两事呈保宁府》。

④ 戴莹琮曾据清朝中央政府所编纂的档案、方略类史料估计第二次金川战争中的长夫比例约为三分之一，参见 Yingcong Dai, "The Qing State, Merchants, and the Military Labor Force in the Jinchuan Campaigns," p. 55。化林坪站的数据则显示在实际的在地战争动员中，长夫的比例可能会远低于三分之一。当然，特定站点的长夫与短雇夫役之比也受地理位置、军需任务频繁程度等多重因素的影响，故不同站点的情况多有差异。由于化林坪站靠近前线，所以更可能由于长夫调度难、军需任务 （转下页注）

的民夫动员规模提供了线索。在半年时间内，仅化林坪一站所调度的夫役数为 3980 人次，类推至一年则约为 7960 人次。① 在整个第二次金川战争中，四川省口内类似化林坪站的陆运站点共设有 1171 个，其地理范围涵盖了除川东北以外的四川大部分府、州、厅。② 虽然部分站点（尤其是远离前线的站点）对夫役的需求量会少于化林坪站，且长夫的轮换周期也在乾隆三十七年后由三个月调整为五个月，但整个军需陆运体系所调动的夫役群体在人数规模、地理范围、流动频率上均相当可观。如此规模的夫役调度不仅会深刻改变四川州县中的普通民众对跨地流动的感知与体验，亦为大批的底层流动人群提供了临时的生计机会。

《南部档案》清册也在一定程度上反映了临近前线地区军需调度的频率及其所带动的人口流动。四份清册所记录的军需任务主要有三类，分别为运送军饷军赏、运输鸟枪军装、为出师兵役提供后勤协助。在承接这些任务时，夫役需承担由化林坪站至下一站冷碛站的运输或后勤工作。两站相隔约三十五里，属步行一天可往返之距离。在四份清册所记录的半年时间内，化林坪站承担了至少 128 次任务，平均每月为 21~22 次。每次任务所使用的夫役在数名至 200 名之间，多数任务需用夫役 50~100 名。③ 在第二次金川战争中，如化林坪站一般靠近金川前线的口内陆运站点共计 145 站。④ 若以化林坪站的任务频率及人数波动情况类推，则可想见战时会有大批汉、番夫役在四川省与金川交界地带的军需站点间频繁流动。

由以上分析可见，金川战争对于整个四川省以及前线地区的人口流

（接上页注④）更频繁随机等原因而更依赖短雇夫役。有关金川战争中长雇夫役与短雇夫役之比，或许需要积累更多的地方史料方能得出更全面的结论。

① 根据刘铮云的估算，四川省在乾隆三十七年的在籍总人丁数为 3095813 人。刘铮云：《档案中的历史：清代政治与社会》，北京师范大学出版社，2017，第 395 页。

② 除了保宁府、太平厅、夔州府、绥定府、石砫厅、酉阳州，第二次金川战争中的口内站点覆盖到了四川省所有的其他府与州。参见郑栖山编《平定两金川军需例案》下卷，第 138~151 页。此外，在第二次金川战争期间，口外前线先后共设后勤站点至少 219 个，共需在站长夫至少 8785 人，参见郑栖山编《平定两金川军需例案》下卷，第 128~138 页。

③ 参见《为造赉旧案军需运送饷鞘赏需等项支销夫工事呈保宁府》《为造赉旧案军需运送军装鸟枪等项支销夫工银两事呈保宁府》。

④ 参见郑栖山编《平定两金川军需例案》下卷，第 130~143 页。

动均影响深远。一方面，军需动员波及了四川省内各州县的普通在籍民众，使之轮流前往各后勤站台承担军需任务，因而会改变平民跨地流动的经验与频繁程度。另一方面，在四川省与金川等边疆地区的交界地带，军需任务更为频繁，对临时短雇夫役的依赖程度也更高，因而在战时为本身流动性较强的汉、番佣工群体提供了大量生计机会。然而，清政府对流动佣工群体，尤其是边疆地区的流动人群，曾长期秉持严格谨慎的管控策略，甚至试图将这一群体边缘化。那么，因军需任务而调动的人口流动会如何影响前线地区的族群关系？官员又会如何回应战争动员对于番、汉之间社会秩序的影响？针对因边疆战争而造成的内地省份的大规模人口流动，清政府在战时及战后又有何回应？清政府对于内地省份流动人群的治理又会作何调整？下节将对这些问题进行讨论。

四　军需动员与流动人群治理策略之转变

战争对于前线及军需资源集结地的影响并不局限于战时，还有可能重塑这些地带在战后的社会秩序。在金川战争中，军需站点与路线的开辟不仅调动了大批的夫役，还吸引了商贩和平民在这些地带寻找商机和开垦新的耕地，从而改变了四川及周边省份的产业结构、人群流动形态与基层治理方式。

首先，军需动员可能会给平民契机以开辟新的生存空间。陕西省子午谷一带在第二次金川战争后的转变即为一例。子午谷位于秦岭—大巴山区的终南山内，在清代为陕西省西安府与洋县之间的一条山谷通道。[①] 由于明朝的山区封禁政策，秦巴山区曾长期为重点封禁对象。清政府尽管在清初已放开山禁，但出于对社会治安与治理成本的考量，仍长期对山区的移民、开垦、工矿业开发持谨慎态度。[②] 因此，在第二次

---

① 有关子午谷地理位置的考释，参见李之勤《〈读史方舆纪要〉卷五六〈子午道〉条校释》，《中国历史地理论丛》2000 年第 3 期，第 27～38 页。
② 有关秦巴山区在明清时期的封禁与开发，参见张建民《明清长江流域山区资源开发与环境演变——以秦岭—大巴山区为中心》，武汉大学出版社，2007，第 85～145、242～292 页。

金川战争以前，子午谷本被禁止"行旅往来"，故长期"居民稀少"。金川战争中，由于陕西巡抚毕沅（1730～1797）将子午谷开辟为新的便捷通道以递送战时文报，子午谷一带的往来人群渐多，沿路的山脊间因而逐渐有"民人耕种"并开发其他的生计方式。至嘉庆初年，当清政府在商讨如何安置白莲教战争中（1796～1804）的难民与流民时，嘉庆帝接受了陕西省官员的提议，开始正面扶持难民及流民在子午谷及终南山区其他地带进行开垦与工场开发。①

其次，由于军需服务与战争动员依赖于普通民众的大规模流动，原本流动性较强的底层群体也因而获得了更多的生存空间，他们与政府的关系也变得更为复杂。在两次金川战争时期，清廷及官员在论及四川省内的社会问题时尤为警惕在四川当地被称为"啯噜"的一个群体。"啯噜"之称源自四川方言，本泛指社会底层的男性流动人群，如劳力佣工、船夫、脚夫、贼匪强盗等②。现存清朝官方史料对于啯噜的记载在两次金川战争时期最为集中③，因为战争中的诸种后勤需求为啯噜提供了更多的生存空间，也促使官员将啯噜与战时基础设施、族群关系、内地社会治理成本等多重因素联系起来考量。

兹举一例首先说明啯噜在战争期间的流动空间。乾隆十九年（1754），四川省官员在一次搜捕啯噜的行动中逮捕了一名自称谭七的犯人。谭七本是四川德阳县的一名小贩，曾在乾隆十年（1745）因误伤他人致死而被判拟绞罪并被发配至湖北荆州府充当夫役。谭七服役约半年后乘机

---

① 《清仁宗睿皇帝实录》卷53，嘉庆四年十月十三日，中华书局，1986年影印版，第684a～b页。

② 前人研究已对啯噜的成因、地理分布及地方政府应对办法作出讨论。参见刘铮云《啯噜：四川的异姓结拜组织》，《档案中的历史：清代政治与社会》，北京师范大学出版社，2017，第157～179页；秦和平《川江航运与啯噜消长关系之研究》，《社会科学研究》2000年第1期；梁勇《啯噜与地方社会的治理——以重庆为例》，《社会科学研究》2013年第1期。这些研究总体上将啯噜作为一个明确的匪类组织或异姓结拜组织来讨论，对啯噜以及史料中"啯噜"标签的历时性变化则分析不足。正如下文指出，从现有的史料来看，啯噜在乾隆三十五年前实则并未体现出特定的组织形态。

③ 根据常建华的考证，有关啯噜的最早的记载见于雍正十三年（1735），参见常建华《清代啯噜的初兴与语义新考》，《四川大学学报》2019年第3期，第160～164页。笔者目前所能找到的啯噜相关史料最晚见于同治十三年（1874），但主要集中于乾隆朝。

逃走，并一度在湖广与四川之间做桡夫谋生。乾隆十二年（1747），谭七听闻第一次金川战争兵起，见机远赴前线的卡撒军营经营向兵役兜售鸦片的生意。谭七在前线逗留了约两年，靠生意与偷窃积累了一定资本，在战后回四川崇庆开了饭店。乾隆十三年至十九年，谭七虽在崇庆地方有过斗殴行为，但一直未引起官府的注意或追查，还曾因其所掌握的消息网络而协助地方捕役捉拿贼犯。乾隆十九年，谭七因听闻搜捕啯噜的消息，为防范起见私造了武器，才暴露了自己并被捕。① 在这一案例中，金川用兵是谭七得以流动、改变身份并重新找寻营生的重要契机。在战争结束后的六年间，谭七一直未引起怀疑且能成为地方吏役的协助者，这也反映了此一时期的四川地方民众及官吏已将底层流动人群视为一种社会常态。

从第一次金川战争开始，恰恰由于人群流动日渐常态化且与清政府在西南边疆的国家建设过程关联紧密，四川及其周边省份的官员开始不断调整对流动人群的治理策略。围绕啯噜所展开的律例与政策调整正是其中一项主要的治理策略转变。下文即对从第一次金川战争至乾隆末年的啯噜相关政策沿革略作梳理。

在第一次金川用兵时，四川、云南等省份的官员开始密切关注四川省与金川、杂谷等土司辖区交界地带的季节性佣工群体。他们注意到这类佣工群体中往往边疆番民与内地啯噜相混杂，因而十分警惕这一群体会引起社会骚动并扰乱族群关系。例如，四川布政使李如兰与冕宁县地方官均曾指出，由于川省西边的番民在进入内地佣工时往往会携带眷属，番民妇女多有在通衢市集卖奸为娼的情况。他们怀疑这些蛮娼聚集之处容易招集或窝藏不法啯噜，因而主张严密稽查进入内地的番民佣工。② 李如兰等官员的这一主张与同时期清政府在云南、台湾等边疆地区针对汉人移民的治理策略类似，即为防范汉、番往来所引起的社会及

---

① 阿克敦：《题为会拟四川温江县捕役张伦叅窃啯噜谭七行凶为匪亦案准拟照例发边充军等刑请旨事》，乾隆十九年，北京第一历史档案馆，02-01-007-018114-0019。

② 李如兰：《奏为请严蛮夷妇人混入川省以清匪类由》，乾隆十二年正月二十五日，军机处档折件，台北故宫博物院，故机 000155；《四川宁远府正堂托饬冕宁县为一体查禁所属地方啯噜匪类蛮娼之徒事》，乾隆十六年六月二十九日，张晋藩主编《清代冕宁司法档案全编》第十四辑，法律出版社，2019，第 375 页。

族群冲突而尽量抑制边疆地区的人口流动。① 然而，在金川用兵、军需动员大增的境况下，亦有官员开始提议突破通行的人口流动管理策略，通过军需任务来吸纳、转化一部分可疑的流动人群。乾隆十四年（1749），四川提督岳钟琪（1686~1754）指出啯噜会仿照番民佣工所带蛮刀的式样打造蛮刀，并在番民密集进入内地佣工的季节乘机作乱，企图嫁祸于番民。岳钟琪却并不主张通过一定的番、汉隔绝政策来避免冲突，而是提议将部分啯噜吸纳入伍或派遣他们前往军需粮台当差。② 这一提议得到了清廷的批准。约半年后，岳钟琪又汇报他将其间捕获的约三分之一的啯噜吸纳进了军需队伍之中。③

上述通过军需任务吸纳啯噜的策略深刻改变了底层流动人群与清政府的关系。对于清政府而言，流动人群不再仅仅是潜在的社会问题，也是边疆扩张过程中可被调动的军需劳动力。此外，从 18 世纪中期开始，金沙江疏浚、西南地区矿业开发等转变也促进了长江上游地区长程贸易的发展，而流动人群也是维系长程贸易的重要基础。因此，在第一次金川战争结束后的十年间，官员们在商议啯噜问题时开始尝试在管制严惩与安抚动员之间寻找平衡点。

在这一重新摸索治理策略的过程中，官员们一方面开始将啯噜重新界定为本性恶劣且存在特定组织方式的无籍匪徒，试图将之与普通的外省移民、游民，乃至一般匪类区别开来。例如在乾隆十五年（1750），因归化城都统卓鼐奏报有啯噜私垦山田，四川总督策楞（？~1756）受令调查啯噜私垦的现象。策楞在答复清廷的奏折中声明并不存在这一现象。策楞进而在奏折中强调，移入山区的平民与啯噜截然不同，前者为安分垦田的良民，后者则为天性"游手游食"之流匪。他声称即使官

---

① 相关研究参见 Pat C. Giersch，"'A Motley Throng：'Social Change on Southwest China's Early Modern Frontier，1700–1880，"*The Journal of Asian Studies* 1（2001）：67–94；John R. Shepherd，*Statecraft and Political Economy on the Taiwan Frontier，1600–1800*（Stanford：Stanford University Press，1993）；李文良《清代南台湾的移垦与"客家"社会（1680~1790）》，台湾大学出版中心，2011，第 133~180 页。

② 岳钟琪：《备陈川省啯噜子扰害人民之实敬筹惩创之方》，乾隆十四年十月十四日，军机处档折件，台北故宫博物院，故机 005087。

③ 策楞、岳钟琪：《奏报周而复始查办啯噜匪徒情形》，乾隆十五年七月二十九日，军机处档折件，台北故宫博物院，故机 006252。

府"欲其（啯噜）垦辟荒地"，亦为"此等匪类所不屑为"①。另一方面，在限定啯噜所指群体的同时，官员们开始不断提议需加重针对啯噜的惩罚乃至设立啯噜专例。乾隆十五年以前，由于官员们一般将啯噜视为广义的流动人群且将之认定为伴随跨省移民而来的社会问题，他们往往按照《大清律例》中"徒流人逃"律下的"在川流民犯罪递回原籍"例处置啯噜。② 具体的应对措施包括将外省啯噜"递回原籍安插永远不许出境"以及将本省啯噜"责令乡保管束"。③ 在此之外的策略还包括收紧四川的移民政策，要求民人需出具"本籍地方官印照"且具呈在川亲属姓名后方可入川。④ 乾隆十五年之后，地方官在实际处置啯噜时则往往援引更严苛的条例，要求啯噜系带铁杆或将之遣发军流。⑤ 至乾隆二十三年（1758），经四川按察使吴士瑞奏请，刑部确立了针对啯噜的律例。⑥ 该律例将啯噜定性为规模一般在十人左右的匪棍组织，并按照参与人数及犯案场所确立了不同等级的惩罚。其中，重则参照光棍例判斩立决，稍轻则判绞监候，前者属《大清律例》中十分严苛的惩罚。⑦

乾隆四十八年（1783），四川总督福康安（1754~1796）在重新讨论啯噜例时曾指出，啯噜"名色"及啯噜例之设，其目的在于"示儆"。⑧

---

① 策楞等：《奏覆卓萧奏啯噜私垦山田现在严拿情形》，乾隆十五年七月二十九日，军机处档折件，台北故宫博物院，故机 006253。
② 田涛、郑秦点校《大清律例》，法律出版社，1999，第 549 页。
③ 纪山：《奏请严拿究治啯噜匪棍缘由事》，乾隆八年，北京第一历史档案馆，03-1248-046。
④ 庆复：《奏为分别轻重惩办啯噜党以靖地方事》，乾隆十一年，北京第一历史档案馆，03-0282-013。
⑤ 例如，参见《四川宁远水利粮捕府兼管甲子夸等处长务刘行冕宁县严查啯噜窝匪事》，乾隆二十年八月二十一日，《清代冕宁司法档案全编》第十四辑，第 378 页。
⑥ 吴士瑞：《奏为请严川省淫凶啯匪惩办律例事》，乾隆二十三年十月十三日，北京第一历史档案馆，04-01-01-0226-025。
⑦ "光棍例"是《大清律例》中惩罚最重的条例之一，也是专门针对底层单身男性游民群体的条例。有关光棍例的考释及其在 18 世纪的演变，参见苏亦工《清律"光棍例"之由来及其立法瑕疵》，《法制史研究》2009 年第 16 期，第 195~244 页；Thomas Buoye，"Bare Sticks and Naked Pity: Rhetoric and Representation in Qing Dynasty Capital Records," *Crime, Histoire & Sociétés* 2（2014）: 27-47。
⑧ 福康安：《奏为川省现无啯匪滋扰事》，乾隆四十八年，北京第一历史档案馆，03-0288-081。

此说很好地概括了清政府在第一次金川战争结束后的一二十年中应对啯噜的基本策略。从以上分析可见，大致自乾隆十五年后，官员们开始在政策讨论及法律中建构啯噜与广义的底层流动人群之间的分别。在这一时期，啯噜开始被定性为本性恶劣、须以厉法惩治的匪类，一般的佣工、矿工、小贩等流动人群则开始被视为"各有本业"且不会随意"滋事"的群体。① 此一区分与战争、长程贸易等因素对于四川省内人群流动形态的改变有关。从第一次金川战争开始，由于人口流动规模的扩大以及清政府在四川这一集结地对流动人群的依赖加深，对运输、工矿、贸易等行业中的流动人群进行严密的监管已不再现实明智。正是回应这样的社会转变，清政府通过严苛立法等政策将啯噜重新定义为一类罪犯典型，以防范广义的流动人群从事不法活动。

然而，由于乾隆中后期的一系列社会经济转变，以"示儆"为策略应对啯噜并管理广义的流动人群逐渐失效。一方面，第二次金川战争中的军需动员以更大的规模改变了四川省内普通民众的跨地流动频率与经验。另一方面，四川及其周边省份的矿业、盐业、手工业及商业在乾隆中期以后日渐繁荣，亦大大增加了流动性较强的非农业从业人群在四川的居住、逗留与行旅。在这样的社会经济转变中，啯噜开始由一个被政府标签化（乃至污名化）的群体日渐发展为一个确有特定组织方式可循的掠夺性群体。此外，这个时期的啯噜与佣工、脚夫、船夫等群体交集密切，甚至熟悉平民日常生活中的市场与社交网络。总之，大约从第二次金川战争起，啯噜开始呈现明确的组织方式且其规模不断扩大，其与流动人群乃至一般平民的边界也日渐模糊。

具体言之，在乾隆三十五年（1770）以后的记载中，啯噜群体开始呈现明确的组织策略与内部层级。乾隆后期的啯噜往往以二三十人为单元行动，人数一多即会另立分支。每个单元的头目一般被称为长年或棚头，棚头之下则按年龄论资排辈，一般包括老满、大满、小满、娃子。这些啯噜组织往往会在邻近多个场市的道路交界处搭棚（棚头之称由此而来）作为基地，用以在路人中招募成员并利用周边场市的不同市

---

① 有关这一时期的官员对于原被视作无籍游民的佣工、小贩等群体的更宽容的态度，参见周人骥《奏为遵旨查办黔省啯匪事》，乾隆二十三年，北京第一历史档案馆，04-01-01-0219-031。

集周期将抢窃的利益最大化。① 有些啯噜组织还会使用内部记号，如红线、铜戒、割去发辫等。总之，就现有的史料来看，规模扩大、组织架构明确、行动有规划是啯噜自第二次金川战争以降所呈现的新特征。

此外，在乾隆中后期，啯噜、流动人群，甚至一般定居平民之间的边界非常模糊。不少啯噜曾经靠流动佣工或小本生意谋生，也随时可能脱离啯噜组织重归更合法的生计方式。啯噜组织内部的计酬方式也与临时佣工类似。例如，乾隆四十五年（1780），曾在重庆以抬轿谋生的杨集荣因听闻啯噜胡范年有钱，遂结同两个朋友石添香与廖文远要求加入胡范年的组织。在同意三人加入时，胡范年曾与三人议价，商定每人每日的基本工钱为八十文，若遇更大的抢窃成果，则还能获得额外分赃。几个月之后，石添香与廖文远因谋得了桡夫的生计而离开了胡范年的组织，杨集荣则继续留了下来。② 由此案例可见，对于某些啯噜成员而言，加入啯噜组织是与谋求佣工类似的生计方式，加入或脱离啯噜实则都非常灵活。这个时期的啯噜不仅与流动佣工群体交集颇多，甚至还共栖于一般平民的社会经济网络之中。上文已提及啯噜非常熟悉地方上的场市体系且会利用不同场市的周期差异来谋划其行动。亦有地方官员观察到啯噜会时常混入民间喜事或丧事宴会中的赌局，利用骗局让平民输钱，借机勒索抢劫。③

第二次金川战争以后，由于四川及其周边省份的官员们也注意到了四川省内人口流动规模及形态的转变，尤其是啯噜与流动人群网络的共栖关系，不少官员开始提议更正面地扶持工矿业，通过扩大并保证流动佣工及商贩的生计来防止啯噜的扩张。其中，以在川陕交界地带考察治理多年的严如煜（1759~1826）的立论最为典型。他认为，由于四川省内多山区，应扶持山区中铁厂、木厂、纸厂等营生的开发。他反对部分官员以"贼匪滋事"为由禁绝商人开厂，指出不准开厂反倒会增加"无业流民"，从而扰乱社会秩序。严如煜认为工厂不仅能安抚流民使

① 刘墉：《奏为拿获啯匪伙犯罗添富等究明拒捕助势实情遵旨办理事》，乾隆四十六年八月二十六日，台北故宫博物院，故机 032198。
② 刘墉：《奏报拿获啯匪伙犯并审办之情形》，乾隆四十六年八月十二日，台北故宫博物院，故机 032044。
③ 严如煜：《三省边防备览》，黄守红、朱树人编《严如煜集》第三卷，岳麓书社，2013，第 1092 页。

其不为乱，还能作为地方的自我防卫组织，可在动乱时利用并"联络各厂"以抵御贼匪。①

由以上分析可见，两次金川战争对于四川社会的影响不仅仅体现在战时，亦在战后长期重塑了四川及其周边省份的人群流动形态。一方面，主要以劳力佣工谋生的底层流动人群更广泛地参与了军需动员、边疆经济开发等国家建设过程，因而逐渐获得了更大的生存空间。另一方面，大规模的军需动员也重塑了普通在籍民众的流动经验与生计方式。此外，在两次金川战争时期，四川乃至整个清朝社会正经历一系列的重要转变，如人口的迅速增长、西南地区的工矿业及手工业开发、长江沿线的长程贸易向上游纵深等。因战争所调动的人群流动形态的转变从而与上述产业、商贸及市场的变化合流，促使清政府不断调整对于流动人群的治理策略。由以上围绕啯噜的分析可见，清政府对于四川流动人群的治理在两次金川战争后分别进行了重要调整。第一次金川战争后，由于清政府调度流动人群的需求增加且四川的外省移民日渐繁杂，继续维持乾隆前期广泛的移民与游民管制政策已不再现实。清廷及四川省内官员因而开始强调不法游民与普通流动人群间的区别，尤其强化针对前者的歧视性标签并确立相应的严苛条例，以期向普通的流动人群示儆。乾隆二十三年的啯噜例便确立于这样的历史背景之下。至第二次金川战争，更大规模的军事动员以及四川在乾隆中期以降的产业、经济变化对普通民众的流动范围与生计方式产生了更深刻的影响。普通在籍民众、客民、游民、流匪之间的边界因而日渐模糊。乾隆四十六年的啯噜事件使不少官员意识到示儆之策已不足以应对新的人群流动与产业商贸形态，故有官员开始提出通过正面扶持流动人群生计的方式来维系社会治安，而非一味管制并边缘化这些人群。总而言之，在战时与战后，金川地区与作为集结地的四川省在战略、族群及社会经济等层面的联结不断加深。这样的联结不仅仅是国家建设深入金川边疆地区的依托，亦会反之促使清政府调整其针对内地省份的国家建设方式。本文所关注的针对流动人群的界定、分类及政策调整即此一国家建设方式调整的一个重要侧面。

---

① 严如熤：《三省边防备览》，第 1090 页。

结　论

综上所述，本文以两次金川战争为例，讨论了边疆战争会如何影响政府在边疆之外更广的疆域内的国家建设方式。本文所关注的是国家建设的一个侧面，即对人群的分类、治理与动员。本文中的案例说明，两次金川战争中的资源调度需求深刻改变了作为资源集结地的四川等省份的不同社会群体的流动形态、生计方式以及他们之间的边界。这些转变促使清廷及四川等省份的官员从乾隆中期开始频繁调整对于流动人群的界定及治理策略。在整个乾隆时期，清政府对于四川省底层流动人群的治理呈现了由整体性歧视到通过开拓生计加以招抚的策略转变。值得进一步深思的是，金川战争时期恰好是清朝的疆域发展基本定型、人口大规模增长、跨区域市场体系延伸且活跃的时期，而第二次金川战争的结束亦是清朝中央财政能力开始出现转折迹象的一个节点。在这一时期，四川、云南、贵州、陕西等省份的官员所面临的人口流动、产业与市场、基层管理等层面的治理问题实则反映了清政府在整个疆域范围内所面临的政治经济转变。在此背景下，四川等省份所出现的流动人群治理策略的转变，是否反映了更大规模的对于"流民""游民""奸民"等边缘群体的重新界定与治理方式调整，清政府对于不同人群的分类在19世纪有何变化，这样的变化又会如何影响清政府与不同类型的基层社会组织之间的关系，类似的议题仍需学界进一步探讨。

The Jinchuan Wars and the Transforming Strategies of Managing Underclass Migrants（1736–1795）

Abstract：Frontier wars during the Ming and Qing often reshaped state-building processes in aspects of political institution, fiscal extraction, and social mobilization. This paper investigates how frontier war might reshape state-society relations by focusing on the multifaceted interactions between the Qing state and itinerant people during the two Jinchuan wars（1747–1749；

1771-1776). The types of itinerant people covered in this paper include waged laborers, porters, boatmen, bandits, etc., who had long been marginalized by late imperial states. However, because of the large scale of logistical mobilization during the Jinchuan wars, these itinerant people played increasingly active roles in sustaining the logistical networks stretching across Sichuan and its neighboring provinces. This paper argues that the military mobilization for the Jinchuan wars propelled Qing officials to transform their governance of itinerant people from exclusive policies to more accommodative ones in Sichuan and the broader southwest frontier. Specifically, beginning in the late eighteenth century, some officials began to accommodate itinerant people by expanding proto-industries and coopting the collective responsibility organizations among these people, rather than continuing the exclusive migration and surveillance policies in the previous decades. Furthermore, since the Jinchuan wars occurred against the more overarching transformations of the Qing population, territory, and fiscal capacity, this paper proposes to further trace how the Qing state's categorizations and governance of different types of imperial subjects had transformed beginning in the late eighteenth century.

Keywords: Jinchuan Wars; Military Mobilization; Itinerant People; State Building

清代中朝宗藩体系内的正朔、历书与时间

摘要: 本文从时间的角度考察了清代中朝宗藩体系运作的一个重要方面,即朝鲜王国作为外藩属国一直尊奉清朝年号,并年年接受中国历日,使得双方位于同一个中国方面所加以规范的时间体系之内。与此同时,朝鲜王国在国内环境中使用纪元和历书也有着极大的灵活性,中国并不予干涉,是外藩属国自主层面的极好的体现,也成为后者逐步融合进近代欧美国际法体系规范的世界秩序的重要一环,更是其在 19 世纪末期就时间维度取得短暂的独立地位的一种外在表现手段。

关键词: 清代中国 朝鲜 宗藩关系 正朔 历书 时间

前 言

清代的中国与朝鲜国之间,保持着一种明朝时期已经发展成熟的宗藩体系。在这一体系之中,朝鲜和其他外藩属国需要遵奉中国的正朔。"正朔"原本指一年之始的"正"与一月之始的"朔",后来正朔用来指代纪年,并体现于国家编订颁发的历书之上。外藩属国奉中国正朔,或曰从中国正朔,最重要的实践方面就是本国国王没有年号,国内使用

---

* 王元崇,美国特拉华大学 (The University of Delaware) 历史系副教授。

中国皇帝纪年，并接受与使用中国的皇历即历书。朝鲜王朝自 1392 年
建立，至 1910 年被日本殖民，在中国是跨越了明清两代，此一期间朝
鲜君主在 1895 年与中国的宗藩关系结束之前，只能称国王而不能称帝，
亦无年号，国内正式官文书均采用中国年号纪年。自明朝以降，朝鲜王
廷每年都派遣赍历使团前往中国领取皇历，本国按照中国皇历的历算方
法刊印历书。通过这种方法，中朝两国完成了时间框架内的同步，这是
宗藩关系至关重要的一个层面。然而，长期以"小中华"身份浸淫在
明朝文化之内的朝鲜，携"华夷之辨"的文化认同，长期对清朝不加
信任，所以在国内情景内以不同方式灵活地使用本国传统的纪年方法，
体现了自主之意。朝鲜大批追思明朝的文人儒士，则长期受尊周思想的
影响，普遍采用故明崇祯年号，体现其"卫夏斥夷"的文化心态和政
治偏向。本文从正朔与历书的角度，观察清代中朝宗藩关系是如何在时
间的维度上存在多元的表现，即一方面彼此在表面上达成了一致，另一
方面存在着中方一侧颇难观察到的潜在冲突。

一　朝鲜奉中国年号及其变通

朝鲜半岛上的政权开始全面废除本国帝号并从属于中国政权，始自
高丽国王王禃（高宗，1213~1259 年在位）臣服于蒙古政权的 1259 年，
此后高丽国王停止在国内自称"天子"，降格为"王"，太子改为"王
世子"，国王身殁之后亦不再加庙号。① 明朝建立以后，高丽遣使南京
与朱元璋接触，并去元朝年号，改行明朝年号。1392 年朝鲜王朝建立
后，继续奉明朝正朔，行大明年号，至永乐朝初期得以规范化。从
1259 年开始，一直到 1897 年朝鲜国王自称"皇帝"并改国号为"大韩
帝国"为止，这 638 年之间高丽王朝和朝鲜王朝的君主都没有自己的年
号纪年，在位期间都使用中国皇帝的年号。

清鲜双方于崇德二年正月底（1637 年 2 月，岁在丁丑）正式建立宗

---

① 有关当时代高丽王朝降于蒙古之事以及嗣后元丽关系之纠葛，参见 Sixiang Wang,
"What Tang Taizong Could Not Do: The Korean Surrender of 1259 and the Imperial Tradi-
tion," *T'oung Pao* 104: 3-4 (2018): 338-383; 〔日〕冈田英弘著《从蒙古到大清:
有目的国的崛起与承续》，陈心慧、罗盛吉译，台湾商务印书馆，2016，第 133~150 页。

藩关系时，曾有一个十款条约，其中第一项即云："将明朝所与之诰命、册、印献纳，绝其交好，去其年号，一应文移，奉我正朔。"① 所谓"奉我正朔"即开始奉清之年号。国王李倧（仁祖）于同年二月二十八日（3月24日）决定："自今以后，大小文书，皆用崇德年号。"② 崇德系皇太极的年号，丁丑年即崇德二年，亦即明崇祯十年。自1637年到1895年为止，朝鲜王朝官方文书，特别是对清文书中，一直使用清朝年号纪年，而1895年以后放弃使用中国年号也是当时朝鲜在日本和英美等国的影响之下推行去中国化政策的一部分。在这一宗藩时期内，清廷册封朝鲜国王的时候，也注重强调奉正朔的部分。例如，雍正三年正月二十二日（1725年3月6日）雍正皇帝册封朝鲜王世弟李昑为朝鲜国王（即英祖），在汉文册封诰命的制文中有言曰："兹特封尔为朝鲜国王，屏翰东藩，虔恭正朔，绥安尔宇，永夹辅于皇家；精白乃心，用对扬于天室。"对应的满文制文中的部分为：te simbe cohome fungnefi coohiyan gurun i wang obuha，dergi bade fiyanji dalikū ofi，forgon ton be olhošome ginggule，sini babe toktobume elhe obufi，enteheme ejen i boode aisilame wehiye，sini mujilen be bolgo gulu obufi abkai gurun be weileme akūmbu，ginggule，mini hese be ume jurcere。③ 其中的"虔恭正朔"一语，即系奉清正朔之谓，满文对应的是"forgon ton be olhošome ginggule"，即"恭敬对待时节"之意，其中forgon是指时，ton指节，这与清代宪书的满文名字 *erin forgon i ton i bithe* 的表意是一致的（erin亦是指时）。

朝鲜虽行中国年号，于国内的实际操作中却堪称灵活，这一方面可以朝鲜王朝的实录所采取的纪年形式为例，做一管窥。朝鲜实录之开篇纪年的常用路数，并不以中国年号起始，而是先行干支，再行本国国王在位时间，而后小字加注以中国年号，明清两代绝大部分时候皆是如此。例如，明隆庆二年（1568，岁在戊辰）正月初一，乃朝鲜国王李昖（宣宗，后改宣祖）元年正月初一（日在辛亥），当日朝鲜

---

① 《朝鲜仁祖实录》卷34，仁祖十五年正月戊辰，第20页a。本文使用之朝鲜王朝实录皆系朝鲜太白山重抄本，下不另注；原文参见韩国国史编纂委员会在线资料库 http://sillok.history.go.kr/main/main.do。

② 《朝鲜仁祖实录》卷34，仁祖十五年正月戊戌，第32页a。

③ 韩国学中央研究院藏书阁藏雍正皇帝册封朝鲜国王李昑诰命原件，馆内文书编号952。

实录起笔纪年云："戊辰，元年正月，辛亥，朔。大明隆庆二年。"①
"大明隆庆二年"系小字注年。有时，实录甚至不书本国国王在位时
间，亦不书中国纪年，只以干支纪年，例如明万历二十二年（1594，岁
在甲午）正月初一（日在庚辰），朝鲜实录记载曰："甲午，正月朔，
庚辰。上在贞陵洞行宫，王世子在公州。"②此处的"上"指国王李昖，
该年系其即位27年，明兵已经入鲜共同抗击日本丰臣秀吉之侵略，即
便如此，史官依旧没有加注明朝纪年。在明清鼎革之际，特别是清鲜宗
藩关系正式建立以后，朝鲜实录史官曾在华夷之辨和尊周义理的鼓召之
下，突出明朝崇祯纪年，小字注本国国王在位年限，同时不录清朝纪
年。例如，明崇祯十一年（清崇德三年，朝鲜国王李倧在位十六年，岁
在戊寅）正月初一（日在乙丑），即李倧降清后一年，朝鲜实录起笔
纪年云："崇祯十一年，上之十六年，戊寅，正月朔，乙丑。""上之十
六年"系小字注年。这种仇视清朝和继续尊奉明朝的心态是显而易见
的，而且当日国王朝着北京的方向哭拜，史臣记载和评论曰："上于宫
廷设位，西向中原哭拜，为皇明也。是时内外文书，多用清国年号，而
祭享祝辞，仍用大明年号。史臣曰：圣上哭拜之礼，出于朝宗之诚，苟
能扩充此心，终始不懈，则雪耻亦可期矣，今日屈辱，曷为病哉！"③
所谓"雪耻"即指伐清，"屈辱"则指丙子之乱和臣服于清。朝鲜记载
中也通常称呼清朝为"清国"，很长时间内不用"中国"指代之，盖因
其不认清朝为中国。朝鲜对清和对明的双重手法的心态和做法，于正朔
一层之上可谓昭然。采用"大明年号"是明朝灭亡之后朝鲜内部加强
中华认同的重要手段，更是通过尊周思明的义理和程朱理学完成知识精
英教化的重要途径。学者对此已有若干精彩研究，兹不赘述。④朝鲜的
这种纪年方法，一直延续到崇祯十七年（甲申），即1644年，自1645

① 《朝鲜宣祖实录》卷2，宣祖二年正月朔，第2卷，第1页a。
② 《朝鲜宣祖实录》卷47，宣祖二十七年正月朔，第47卷，第1页a。
③ 《朝鲜仁祖实录》卷36，仁祖十六年正月朔，第1页a。
④ 相关的研究参见陈尚胜等《朝鲜王朝（1392-1910）对华观的演变：〈朝天录〉和
〈燕行录〉初探》，山东大学出版社，1999；孙卫国《大明旗号与小中华意识：朝鲜
王朝尊周思明问题研究，1637-1800》，商务印书馆，2007；王元周《小中华意识的
嬗变：近代中韩关系的思想史研究》，民族出版社，2013；孙卫国《从"尊明"到
"奉清"：朝鲜王朝对清意识的嬗变，1627-1910》，台大出版中心，2019。

年开始，朝鲜实录不再正式以崇祯纪年，正月初一（日在乙酉）的纪年改为："乙酉，上之二十三年，正月朔，乙酉"，其中"上之二十三年"系小字注年，这一年既没有顺延崇祯年号，亦不书顺治年号。① 朝鲜国王李倧（仁祖）于顺治七年（1650，岁在庚寅）薨逝，李淏即位（即孝宗）。李淏曾与其兄长昭显世子一起作为人质被羁押在沈阳多年，具有强烈的反清意识，虽然在他的支持下朝鲜国内反清情绪高涨，很多文书不用清朝年号，但是他的实录却开始采用顺治年号小字标志纪年。他即位的当年正月初一日的实录纪年起笔云："庚寅，元年，清顺治七年，春正月，乙卯"。② "清顺治七年"是小字注年。这一使用顺治年号纪年之举，和李淏鼎力支持的北伐清人的大业，特别是在他支持下的宋时烈一派的旗帜鲜明地反对清朝的态度，形成了一个极大的不同和极鲜明的反差。此后，朝鲜实录的纪年逐渐恢复到了之前的传统，采用清朝年号标注，和明朝时候大体无差。例如，乾隆四十一年正月初一（1776年2月19日，岁在丙申，日在癸酉），朝鲜当时的国王是李昑，这一天是其即位第52年，朝鲜实录当日起笔纪年云："丙申，五十二年，清乾隆四十一年，正月朔，癸酉。"③ 此句中的"清乾隆四十一年"系小字注明当今国王"五十二年"。同年三月五日（4月22日），李昑薨逝（庙号英宗，后改英祖），王世孙李祘继位权署国事（李祘庙号正祖），后来补记的实录记载这一天云："丙申，英宗大王五十二年，清国乾隆四十一年，春，三月丙子，英宗薨。越六日，辛巳，王即位于庆熙宫之崇政门。"④ 其中的"清国乾隆四十一年"亦系小字注年。此后的实录也基本沿袭此种路数纪年，清鲜宗藩关系依旧可以体现出来。

在清代，朝鲜王廷的其他官方文书在纪年形式方面亦与实录有差别。《承政院日记》便是根据中国纪年，例如朝鲜英祖三十二年即乾隆二十一年（丙子年）四月初二日（1756年4月30日，己亥日），《承政

① 《朝鲜仁祖实录》卷46，仁祖二十三年正月朔，第1页a。
② 《朝鲜孝宗实录》卷3，孝宗元年正月朔，第1页a。
③ 《朝鲜英祖实录》卷127，英祖五十二年正月朔，第1页a。
④ 《朝鲜正祖实录》卷1，正祖即位年三月，第1页a。

院记录》当日记录"乾隆二十一年丙子四月初二日己亥阴"。① 《备边司誊录》的格式则与实录和承政院日记皆不同，直接采取干支纪年加上月份的形式，一直到清末都是如此，例如朝鲜哲宗十四年即同治二年（癸亥年）正月初一日（1863 年 2 月 18 日），《备边司誊录》只记载"癸亥正月初一日"。② 从这两个例子可以看出，朝鲜王朝的中枢机构在纪年方面也是比较灵活的。

朝鲜国王在颁发王旨即"教旨"的时候，包括封君、封妃嫔、上尊号和谥号等教旨，因系重要的官方行为，故而在时间落款方面通常都是采取中国年号，自与清政权建立宗藩关系之后特别是甲申清军入关以后开始普遍采用清朝年号。例如，朝鲜肃宗二十五年（康熙三十八年）十二月二十四日（1700 年 2 月 12 日），国王封李昑为延礽君（后来成为朝鲜英祖国王），时间落款系"康熙三十八年十二月二十四日"。③ 尽管如此，朝鲜国王也在不同的场合有所变通，例如朝鲜英祖三十一年乙亥年即清乾隆二十年六月十四日，国王因为给宣祖大王时的仁嫔金氏（1555~1613）上宫号"储庆"，顺带将明宗（1545~1567 年在位）的后宫暨仁嫔金氏的表姊淑仪李氏（1541~1595）追赠"庆嫔"。就追赠淑仪李氏之事的教旨，内容非常简单，系"淑仪李氏赠庆嫔者"，然而，这道教旨却有两个副本，有两种时间落款。其中一幅教旨落款系"乾隆二十年六月十四日"，后有小字"特〇赠事〇〇传教"（〇代表一个汉字的抬格空间；〇〇代表顶天抬格）（图 1）；另一幅的时间落款则曰"乙亥六月十四日"，后有小字"明庙后宫〇储庆宫表姊特〇赠事〇〇传教"（图 2），"明庙"即指明宗。淑仪李氏是在壬辰倭乱时于 1595 年逃亡江华岛期间病逝的，而彼时明朝军队正在协助朝鲜抵抗日军，这场战争之后，朝鲜对"父母之邦"明朝的"再造之恩"感激不尽，直接决定了清政权征服朝鲜并在双边宗藩关系体系中取明朝而代之

① 韩国国史编纂委员会：《承政院日记》（首尔：国史编纂委员会，1970 年影印本），第 63 册，第 3 页。

② 韩国国史编纂委员会：《备边司誊录》（首尔：国史编纂委员会，檀纪 4292 年［1959 年］，影印本），《备边司誊录》，哲宗十四年正月初一日（1863 年 2 月 18 日），第 26 册，第 3 页。

③ 韩国韩国学中央研究院藏书阁藏康熙三十八年十二月二十四日封延礽君教旨，胶卷编号 MF35-4655。

以来，特别是甲申明清鼎革以后朝鲜对明朝始终如一的崇奉态度，以及其内部基于"华夷之辨"对清政权的厌恶和蔑视的态度。英祖李昑在追赠淑仪李氏的时候，在有关"明庙后宫""储庆宫表姊"的副本上，也就是其国涉及明朝万历之助的历史之时，没有书写清朝年号，而是以干支纪年代替，此系朝鲜自明朝灭亡后对清代中国所持的矛盾态度的一种相当直白的表露。

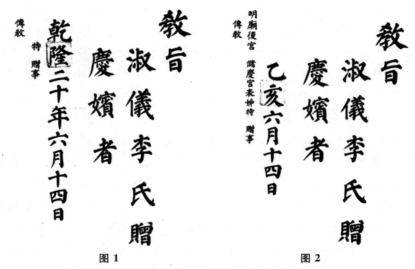

图 1   图 2

朝鲜英祖国王追赠淑仪李氏教旨

资料来源：韩国韩国学中央研究院藏书阁藏英祖国王追赠淑仪李氏教旨，胶卷编号 MF35-4653。

值得注意的一个现象是，公元 1876 年 2 月 26 日（光绪二年二月初二日，岁在丙子），朝鲜与日本在江华岛签署《修好条规》（所谓"江华岛条约"）的时候，在落款时间上并没有采用光绪二年的纪年方式，而是采用了"大朝鲜国开国四百八十五年丙子二月初二日"，所谓开国485 年即从 1392 年朝鲜王朝建立起算。这种做法在 1637 年以后是罕见的，究其实质并非朝鲜反对用清朝纪年，主要是因为要与日方的"大日本国纪元二千五百三十六年明治九年二月二十六日"时间落款平行，而且日方此时正派遣新任的驻华公使森有礼在北京与总理衙门激烈辩论中朝关系和朝鲜的国际地位，目的是要从欧美国际法的角度着手"截断中朝关系"，即否定中朝间的宗藩关系，为日本的对朝政策扫清障碍，因此日方也不希望两国条约上有限定朝鲜的中国外藩属国地位的内容出现。① 唯此一做法，亦引发了中国方面的警惕，及至 1882 年 5 月 22 日（光绪八年四月初六日）朝鲜与美国签署双边第一个条约的时候，条约上朝鲜的落款时间系"大朝鲜国开国四百九十一年中国光绪八年四月初六日"。朝鲜国王也在签署之时同步致美国总统照会一份，内中声明："大朝鲜国为中国属邦，其分内一切应行各节，均与大美国毫无干涉。"该照会末尾的落款时间也并列了"大朝鲜国开国四百九十一年即光绪八年"的纪年法。此照会是朝鲜国王听取了李鸿章所派遣的协助朝方立约的中国委员马建忠的意见而做，条约亦是李鸿章方面按照中美天津条约起草的底本。②

甲午中日战争以后，中朝宗藩关系随着 1895 年《马关条约》的签订而终结，朝鲜从此不复奉中国正朔，而是启用年号"建阳"（1896 年 1 月 1 日~1897 年 8 月 15 日）与"光武"（1897 年 8 月 16 日~1907 年）。1897 年 10 月朝鲜国王称帝，朝鲜国改"大韩帝国"，并于 1899 年 9 月 11 日同中国签订了对等的《通商条约》一份，该条约开始之时"大韩国"与"大清国"抬格平等、并列平行，"大韩国大皇帝"与"大清国大皇帝"亦抬格平等和并列平行，此乃 1637 年以降之清鲜关系史上的首次，亦是 1259 年高丽王朝以降 640 年间中朝关系史上之首次。条约末尾负责签署条约的朝鲜官员朴齐纯和中国官员徐寿朋，在落款中分别自称"大韩帝国特命议约全权大臣"和"大清帝国钦差议约全权大臣"，体例平行平等，时间上则并列为"光武三年九月十一日"（此系通行之公历即格里高利历日期）和"光绪二十五年八月初七日"（此系中国阴历日期）。③ 这一纪年年号的并列与所本历日的差异，标志着一个已经延续了数百年之久的宗藩关系在时间层面上的终结。

---

① 有关此一时期的日本就朝鲜国际地位问题和中朝宗藩关系问题与中国展开的交涉，可参见拙文《属国名分辩：1876 年中日交涉朝鲜地位问题再研究》，《问学：思勉青年学术集刊》第二辑（2020 年），第 53~108 页。

② 有关条约参见 *Treaties, Regulations, etc. between Corea and Other Powers, 1876-1889* (Shanghai: The Statistical Department of the Inspectorate General of Customs, 1891), pp. 1, 6, 49, 2。

③ 首尔大学奎章阁韩国学研究院图书馆藏《清韩通商条约》，图书番号奎 23399。

二 朝鲜国王的谥号与本国的历史记载

和 1259 年之后的高丽王朝不同，朝鲜王朝从第一任国王李成桂开始就在其薨逝后加有庙号，例如李成桂为"太祖"，明朝并未干涉与否定，反倒有赐谥的惯例。清朝沿袭明朝旧例赐谥，但朝鲜对清之谥号则甚少使用。清朝时期派遣敕使前往朝鲜的频率自入关之后大为降低，虽然早期有会审和稽查的敕使前往，责备朝鲜君臣者有之，但类似使团到康熙朝就都被取消了。至于皇帝遇到庆典颁发恩诏，如遇到朝鲜使臣在京，由其带回，以省繁缛，此即"顺付"。例如乾隆五十四年（1789）正月乾隆皇帝的八旬万寿恩诏即顺付正在北京的朝鲜三节年贡使带回。① 总而言之，清廷敕使赴朝最重要的使命是册封和赐祭，主要对象包括国王、王妃、世子、世弟或世孙（如果没有世子的情况下）、大王大妃等皇室核心成员。册封和赐祭使团是没有顺付成例的，一定遣使前往，是以朝鲜方面的奏请或告讣为起始的，由礼部奏请皇帝选择正副使各一人，前往朝鲜。就册封而言，钦使选择和出发的程序为："凡朝鲜奏请袭封，敕下部议，应封世子或世弟、世孙某为朝鲜国王，妻某氏为朝鲜国王妃，题请颁诏敕各一道，差正副使各一员，持节往封，赏赐国王及王妃礼物，即交使臣赍往，得旨，移内阁典籍厅撰诏敕，行工部取节及节衣，行内务府、上驷院、户部、工部备赏赐衣币鞍马，并行知朝鲜国王。"② 就赐祭使团而言，其基本程序系："凡朝鲜国王、母妃、王妃、世子卒，俱来告哀，遣使谕祭，给与祭品及牛犊桌张折价银两。国王赐谥。……谕祭朝鲜国母妃、王妃、世子，由礼部奏请，钦派正副使各一员往祭。"这一赐祭的待遇与对待琉球和越南的也有差别："其琉球、越南国王卒，告哀，遣使谕祭，给银及绢，母妃、世子俱不告哀，不赐恤。"③ 册封和赐祭这两种使团又以关涉国王和世子者最为重要，在于这两种场合都直接牵涉朝鲜的核心宫廷权力交接和党派势力的沉

① 《大学士管理礼部事务王杰等奏请恩诏顺付朝鲜使臣折》，乾隆五十四年正月十一日，台北故宫博物院图书文献馆藏，编号 039216。
② 道光朝《礼部则例》卷 181《主客清吏司·朝鲜袭封》，第 1 页。
③ 道光朝《礼部则例》卷 168《祠祭清吏司·赐外国王恤典》，第 1~3 页。

浮，也直接关系到清朝对外藩属国国王的合法性的认可，以及通过一系列礼仪实行所体现和强化的双边事大字小的宗藩伦理关系。

需要特别指出的是，朝鲜王朝都是在内部由国王提前册封或赐祭了王大妃、王妃和世子之后，再遣使到中国请封或告讣，而且朝鲜对王大妃、王妃和世子的册封或赐祭是有非常完整、严格和细致的礼仪程序的。就此而言，中国的册封和谕祭也就成为一个迟一步的礼仪上的进一步认可和表现，中国也从未否决朝鲜的请封等要求，然而中国实际上是拥有绝对的否决权的。朝鲜核心宫廷成员中唯一一个在中国皇帝册封前不能正式使用新称号的是新国王，册封前只能暂称"权署国事"，待中国皇帝册封后才能正式称为"国王"。这一等待册封的时间非常重要，充分体现了其王权的合法性仰仗中国皇帝的认可。从这个角度而言，朝鲜国王在本国拥有完全自主之权力，而清鲜之间宗藩关系最重要的一个中国权力居于绝对主导地位的方面，就是新国王的册封，集中体现了宗藩体系内中国皇帝与外藩国王的君臣上下关系。这也是《清实录》中记载册封一事最多和最为详细的部分就是册封外藩国王的缘故。

清廷只赐国王谥号，其他人不赐谥，但是朝鲜自身对"大行大王"（即故国王，对应中国的"大行皇帝"）是加有谥号的，而明清两代也都有以上国和朝廷的身份赐故国王谥号的惯例。朝鲜因尊明之故，对明朝所赐谥号较为看重，加于本国谥号之前，但因蔑视清人，朝鲜除对清公文书外并不真正使用清朝所赐谥号，一律采用本国谥号，体现了在有关时间的这一方面上的一定程度的自主之权力，而清廷对此并不加干涉。① 例如，万历三十六年（1608），历经壬辰倭乱的朝鲜国王李昖（1567~1608 年在位）薨逝后，朝鲜本国上谥号为"显文毅武圣睿达孝大王"，② 明朝赐谥"昭敬"，朝鲜初拟庙号"宣宗"，后改"宣祖"，因此后来朝鲜实录记载宣祖朝的时候，就是采用的"宣祖昭敬正伦立极盛德洪烈至诚大义格天熙运显文毅武圣睿达孝大王"，在其谥号之中的

---

① 有关朝鲜在这一方面的自主之权以及对中国时间的规避，参见 JaHyun Kim Haboush, "Contesting Chinese Time, Nationalizing Temporal Space: Temporal Inscription in Late Chosŏn Korea," in *Time, Temporality, and Imperial Transition: East Asia from Ming to Qing*, edited by Lynn A. Struve (Honolulu, HI: University of Hawaii Press, 2005), pp. 115-141。

② 《朝鲜光海君日记》，光海君即位年六月己未，第 2 卷，第 102 页 a。

都是其生所加之尊号与徽号。清朝雍正二年（1724）朝鲜国王李昀薨逝，朝鲜方面拟定谥号为"德文翼武纯仁宣孝"，定庙号"景宗"，清朝方面拟定和下赐的谥号为"恪恭"，然而朝鲜并不使用"恪恭"，在其实录中依旧写"景宗德文翼武纯仁宣孝大王实录"。① 尽管如此，清朝人士仍旧侧重从清室所颁谥号的角度去叙述，例如晚清时期负责对朝鲜交涉事务的北洋通商大臣李鸿章，于1893年在给三年前作为赐祭朝鲜大王大妃的副使前往朝鲜颁谥的崇礼所著的《奉使朝鲜日记》一书所写的序中说："朝鲜于我朝归命最先，被德最渥，庄穆、忠宣以来，臣节亦最纯，僖顺嗣封五十年，国中大事必奏取进止，特为圣祖仁皇帝（指康熙皇帝）所哀嘉，厥后累朝加恩之诏，史不绝书，封赏暄恤，例以三品以上满洲大臣充使外藩，而视同服内，殊恩异数，有非他国所敢望者。"② 李鸿章所指的"庄穆"即朝鲜仁祖国王，1623~1649年在位，清廷赐谥"庄穆"；"忠宣"指孝宗国王，1649~1659年在位，清廷赐谥"忠宣"；"僖顺"指肃宗国王，1674~1720年在位，清廷赐谥"僖顺"。朝鲜本国则不用这些谥号来称呼这三位国王。

尽管明清两朝，朝鲜就中国所赐的国王谥号一层有不同的内部政策，但来自中国的谥号也是极其重要的宗藩关系的礼法体现，如果从这个角度观察后得出清廷之册封和赐谥不过是一种存在于名义上的举动的话，亦是脱离事实。

三　清代中国历法与历书同朝鲜本国历法与历书之间的关系

就历书而言，朝鲜在明清两代都会从中国获赐皇历，皇历在明朝时称为《大统历》，在清朝时称为《时宪历》（乾隆朝避帝讳改为"时宪书"），皆由钦天监编制。明《大统历》，钦天监需要在二月初一日之前进呈来岁历样，预览后刊造15本，"送礼部差人赍至南京并各布政司，

---

① 《清世宗实录》卷27，雍正二年十二月戊子，第7册，第418页；《朝鲜英祖实录》卷1，英祖元年九月癸卯，第403页。

② 李鸿章序，崇礼著《奉使朝鲜日记》，北京大学历史学系图书室藏刻本，1893，出版者信息无。

照样刊印"。明朝时期的"布政司"即"承宣布政使司",也就是元之行省制度的变革,至清重改为行省制度,废除了布政司称号。至于进历与颁历日期,明朝也有所变动:"洪武间以九月初一日进,后以十一月初一日进。当日以大统历给赐百官,颁行天下。……嘉靖十九年,令以十月初一日进历,颁赐百官。"① 到清朝时期此种制度一仍其旧,次年的历样钦天监要在二月初一日恭呈御览,而后准备刊印,清朝时期是发给各直省的布政使历样两本,一本钤印另一本不钤印,在省照样刊印。嘉靖十九年即 1540 年以降,一直到清朝 1911 年灭亡为止的 371 年之间,北京和各省的颁历都是每年十月初一日举行。按照道理,明朝需要颁发给外藩属国历日,根据万历十五年(1587)的《大明会典》记载:"如琉球、占城等外国,正统以前,俱因朝贡,每国给与王历一本,民历十本。今常给者,惟朝鲜国,王历一本,民历一百本。"② 所谓"王历",即亲王历,也可见琉球、占城和朝鲜等国的国王与明朝藩王是同一地位,虽然朝鲜是亲王等级而琉球等国是郡王等级。所谓"今常给者,惟朝鲜国",指朝鲜年年遣使朝贡,所以每年都可以受赐皇历,而琉球和占城等国限山隔海,朝贡无常,无从"常给"。朝鲜国每年颁赐王历 1 本和民历 100 本的传统,也一直延续到了清朝时期,1644 年以降,朝鲜每年从清廷获赐 101 本历书,包括赐给国王的 1 本和民历 100 本。

按照宗藩礼制,朝鲜本应在收到中国皇历之后照样刊印颁布国中,然而,朝鲜如果等待赴华使团受赐皇历以后携带回国再行刊刻的话,时间上来不及,朝贡使团经常次年二、三月份才能回国。另外,《大统历》是以洪武时候的都城南京顺天府为准衡量节日时刻的,汉城在北,与南京节气时刻有差,也就与农时大有关系,无从以南京为准加以复制,否则只能是邯郸学步、自乱法度。因此,朝鲜一贯的做法,是由自身的观象监在国内自行推算,模仿中国皇历刊行历日,称为"小历"或"乡历",历书上刊印中国年号以示奉中国正朔,待中国皇历到达以后,互相对校,以提高本国历法推步的水平。朝鲜虽然遵奉明朝正朔,但其自制历书,等同于亲王私造,有乖体制,故而尽量避免让明朝朝廷

---

① 明万历朝重修本《明会典》卷 223《钦天监》,第 1101 页。
② 明万历朝重修本《明会典》卷 223《钦天监》,第 1101 页。

和赴朝使臣知悉，以免丛生事端。① 明朝知悉朝鲜有小历者所在多有，例如天启五年（1625）正月，驻师朝鲜边境地区与满洲作战的明将毛文龙，向朝鲜索要新年历书，此时朝鲜与明朝的陆路交往被金国阻断，只能通过海路至山东胶东半岛再经陆路至北京，因此历书赍回遥遥无期，毛文龙索要朝鲜历书，让朝鲜君臣倍感紧张，朝鲜史官记载了当时君臣讨论的情形，也再次阐明了为何朝鲜一直制造小历：

> 毛都督求新年历书，朝廷许之。诸侯之国，遵奉天王正朔，故不敢私造历书，而我国僻处海外，远隔中朝，若待钦天监所颁，则时月必晏，故自前私自造历，而不敢以闻于天朝，例也。都督愿得我国小历，接伴使尹毅立以闻，上令礼曹及大臣议启，皆以为若待皇朝颁降，则海路遥远，迟速难期，祭祀、军旅、吉凶、推择等事，不可停废，故自前遵仿天朝，略成小历，以此措语而送之为便。上从之。②

清军入关之前，也是采用《大统历》，且因为从明朝直接获取历日困难，曾向朝鲜索要《大统历》。皇太极在天聪十年四月（1636 年 5 月）改国号"大清国"并改元"崇德"以后，依然面临着制造历日的挑战，同年十月，朝鲜信使朴蕾前往盛京之时，"自汗以下，多求历书，欲得四五件以去"③。朴氏回到汉城汇报后，备边司于十二月初一日奏启国王"令观象监给送"，国王同意，但次日皇太极即于盛京出兵东征朝鲜。至崇德二年（1637，丁丑）十月初一日，清廷"定历法，颁满洲、蒙古、汉文历"④。这一"定历法"，仍本明朝《大统历》，只是换了正朔，从汉文翻译为满文和蒙古文，此后有清一代，自崇德二年以降，历书都有汉、满、蒙三种文字，没有翻译藏文、察合台文历书。而且，自崇德二年一直到清朝灭亡，甚至一直到溥仪出宫之前的紫禁城小朝廷，每年都是十月初一日颁历，此是沿袭明朝的成例。朝鲜因为刚刚

---

① 参见汪小虎《明朝颁历朝鲜及其影响》，《史学月刊》2014 年第 7 期，第 55~68 页。
② 《朝鲜仁祖实录》卷 38，仁祖三年正月壬戌，第 7 页 a。
③ 《朝鲜仁祖实录》卷 33，仁祖十四年十二月朔，第 39 页 a。
④ 《清太宗实录》卷 39，崇德二年十月朔，第 2 册，第 505 页。

同清国建立宗藩关系，不得不在历书上使用清国年号，即刊印带有崇德年号的新式历书，此即朝鲜礼曹指出的"观象监历书，曾以大明崇祯大统历印出矣，今更思之，似未妥当"①。然而，刚刚经历了战乱和城下之盟的朝鲜，在崇明厌清的心态之下又心有不甘，于是决定印制一批带有崇德年号的新式历书，用于"国用"以及两界（包括东北界咸镜道和西北界平安道）、京畿道和黄海道这四个道内的使用，以防被清朝敕使发觉，而"下四道及倭馆所送者，则仍用旧式"，其中的"下四道"指江原道、忠清道、庆尚道和全罗道。② 然而，崇德四年（1639）朝鲜在得到清廷的历书之后，发现其与本国历书有所不同，令观象监官员再加推算后，发现清廷历书上的大小朔与中国的《时用通书》相符，经过一番比对以后，认定："清国未必真得钦天监推算之法，或就《时用通书》中已成之法，刊成此书，以致违误，今当一以钦天监所颁旧历为准。"③ 朝鲜方面的记载是比较委婉的，实情显然是此时清廷在推步方面并无专门人才，照搬通书而致错。

就在满洲政权日益壮大之际，明朝的《大统历》在预测日月食方面再度出现了较大误差，明廷在徐光启（1562～1633）和李天经（1579～1659）的先后主持之下，与在华传教的西洋耶稣会士（Jesuits）通力合作，于崇祯二年（1629）开始利用欧洲新的计算方法（即推步）编修新历，至1635年编成新的天文历算之书，即"崇祯历书"，但明廷还没有来得及采用新法编印新历，即遭甲申之变而灭亡。④ 1644年夏，多尔衮率军入关占领北京之时，在钦天监服务的耶稣会士汤若望（Johann Adam Schall von Bell，1591～1666）主动献出经过修改的"崇祯历书"，建议推行新历，多尔衮迅速采纳了汤若望的建议，并命名为"时宪历"，取"宪天义民"之意。同年秋，钦天监编印了《大清顺治元年岁次甲申时宪历》，此系清代皇历之开始，乾隆朝为避帝讳改为《时宪书》。

① 《朝鲜仁祖实录》卷33，仁祖十五年五月壬辰，第39页a。
② 《朝鲜仁祖实录》卷35，仁祖十五年八月甲辰，第17页a。
③ 《朝鲜仁祖实录》卷38，仁祖十七年四月甲寅，第24页a。
④ 有关明清来华耶稣会士及其天文学知识和数学知识在中国的传播，近来的著作可参见韩琦《通天之学：耶稣会士和天文学在中国的传播》，生活·读书·新知三联书店，2018。

明朝的《大统历》采取元朝郭守敬等人的《授时历》的推步算法，朝鲜的《七政算》就是本着郭守敬的方法而来的，然而清朝《时宪历》则是采用欧洲的推步算法，所谓"西洋新法"。朝鲜在1645年收到《时宪历》后，当即发现了这一新历的推步与《大统历》之间的差异，也发现新历更为准确，因此决定学习西洋推步。由于当时历法推步尚未放开，朝鲜便利用使行之机，一方面派人秘密购买《时宪历》，一方面派人与汤若望接触，希望能够从汤若望处直接得到算法真传。顺治三年（朝鲜仁祖二十四年，丙戌年，1646）二月底，朝鲜观象监提调金堉以谢恩兼陈奏使团的副使身份前往北京，"率历官二人，欲学于汤，而门禁甚严，不能出入，只买其书而还"。所谓"欲学于汤"，即指计划跟随汤若望学习推算，但没有实现。回国以后，金堉使观象监天文学官金尚范等人"极力精究，粗得其概"①。顺治五年（1648）三月七日，朝鲜礼曹就中朝历书中闰法相错一事启奏国王，领相金自点和右相李行远认为："取考丁丑［指1637年，崇德二年］历书，乃是丙子印出大明所颁降者，而其法无异于我国之历。清国在沈阳时所送历日，大概相同，及其移入北京之后，始有依西洋新法，印造颁行天下之文，此乃大明时所未有之法，而我国日官未及学者也。"因为国中尚没有人懂得西洋推步，朝鲜也无从全然断定本国历日推算已经出现较大误差，唯独吏曹参判韩兴一坚信清国历法，"凡其家祭祀之日，皆用清历，人皆病其无识"②。可见韩兴一相信中国历法的想法，当时很多人并不认同。同年，朝鲜派遣观象监日官宋仁龙"学时宪历算法于清国"，但"历书私学，防禁至严"，宋仁龙只见到汤若望一面，汤若望"略加口授，仍赠缕子草册十五卷、星图十丈，使之归究其理云"③。宋仁龙之行并未取得实效，朝鲜观象监只能继续使用旧法。也恰恰是在顺治五年这一年，北京礼部特别咨会国王，此后的请历咨文中不能再书"大统历"字样，需要改正为"时宪历"。从该年开始，清廷规定时宪历由朝鲜赴北京的

---

① 丁若镛、李晴：《事大考例》卷11《历日考》，《茶山学团文献集成》，首尔：大东文化研究院，2008，第8册，第598页。
② 《朝鲜仁祖实录》卷49，仁祖二十六年三月壬申，第11页a。
③ 《朝鲜仁祖实录》卷49，仁祖二十六年九月辛巳，第38页b；卷50，仁祖二十七年二月甲午，第3页b。

贡鹰使顺便带回国。①

　　顺治八年冬（朝鲜孝宗二年，辛卯，1652 年初），观象监天文学官金尚范"入往燕京，学时宪历法以来"，并"日夜推算，趁速修述"，观象监"又选多官，使之传习"，终于推算出了新历。朝鲜方面记载金尚范入燕京之行时候说："辛卯冬，又遣金尚范持重赂学于钦天监而还。"② 可见钦天监相关人士是收受了朝鲜的大额贿赂以后，才将历算方法传授给了金尚范。自 1645 年以降，朝鲜不断遣员赴北京秘密学习钦天监西洋推步新法，费时七年而功成，"自癸巳使用其法"，"癸巳"指顺治十年（孝宗四年，1653 年）。只是当年并没有印行次年历日，而是等待北京颁赐的历日抵达并加以印证后，决定于甲午年即顺治十一年正式颁行。顺治十年（1653）正月，观象监启奏国王：

　　　　时宪历出来后，以我国新造历考准，则北京节气、时刻，与时宪单历，一一相合。我国单历，与时宪历中各省横看，朝鲜节气、时刻，亦皆相合。虽有些少换次之处，而亦非差违。自甲午年，一依新法，推算印行为当。且历法已过改宪之节，而三百年来，无造历之人，因循至今，今之改历，正当其时。我国之传学，事势甚难，而日官金尚范还自北京，累朔推算，幸而得之，非但术业通明，且有竭心成就之功。③

　　就此，自甲午年即顺治十一年（1654）开始，朝鲜历书的推算方法开始与《时宪历》同步。随着时间的推移，朝鲜观象监的正式历书均采用大清年号，例如《大清乾隆三十年岁次乙酉时宪书》等，与中国历书题名完全一致。此种格式一直到甲午中日战争后两国结束宗藩关系为止，但是为了表示对明朝的尊奉，每年观象监仍然会将手写本的《大统历》进呈国王。

　　上文提及，自顺治五年（1648）朝鲜赴京的贡鹰使担任赍领皇历

<hr>

① 韩国国史编纂委员会编《同文汇考》（首尔：国史编纂委员会，1978 年影印本）原编卷 42《历书》，第 1 册，第 803 页。

② 丁若镛、李晴：《事大考例》卷 11《历日考》，《茶山学团文献集成》第 8 册，第 598 页。

③ 《朝鲜孝宗实录》卷 10，孝宗四年正月癸酉，第 6 页 b。

的使员角色，1654 年朝鲜最终贯通了西洋算法以后，这一赴华领历的传统并没有遭到废除，而是一直延续了下去。金尚范等人虽然贯通了时宪历推步算法，但是对五星算法尚没有弄清楚，于是 1655 年金尚范再次入京，却不幸死于途中，"其法竟未尽传"。① 顺治十七年（1660），清廷永久废除朝鲜贡鹰使，朝鲜遂开始派遣译官为专门的领历官，每年前往北京取回时宪历。领历官使行，实乃一种使朝鲜本国历日时刻保持与中国历法推算同步以便保证其准确性的长久策略。领历官通常八月望日（十六）后出发，一定要赶在十月初一颁历前到北京，通过礼部祠祭清吏司递交其请历要求，取王历 1 本、民历 100 本，凡 101 本。② 雍正元年十月二十一日（1723 年 11 月 18 日），礼部在致国王的颁历咨文中交代说："查颁给历日，关系大典，札行钦天监选择字样清楚、纸张洁白官历一本，按郡王例用红罗销金袱包好，并民历一百本，照例送至午门前，恭备给发差来司译院正李杓收领。"③ 清朝每年的颁历典礼是十月朔日（初一）在午门前举行的，按照雍正元年的咨文来看，当时颁给李杓历日 101 本就是在午门前，实际上并非年年如此。乾隆三十年九月二十九日（1765 年 11 月 12 日），也就是当年十月初一颁历的前一天，礼部发了一份有关颁历日子的咨文给国王，其中主要是署理礼部左侍郎诺穆浑的奏文，云：

> 查朝鲜国每年遣官于九月内来京领取时宪书，虽有阻滞迟误，亦必须月底赶赴来京，并无违误延迟之事，此系该国王敬谨天朝时宪书之意，但钦天监每年十月初一日在午门外颁发之时，并不一体给发，向于初三、初四等日礼部祠祭司行文领取，由该司给发。似此办理与该国特遣人赶十月初一日敬谨领取之意，似有不符，即与经书内天子颁来岁之朔于诸侯，诸侯受而藏之祖庙之义，亦不相允协。臣愚见，请嗣后交钦天监行文礼部，于十月初一日派官带领朝鲜国来使，于午门前预备，俟王公大臣官员谢恩恭领，鸿胪寺官照

---

① 丁若镛、李晴：《事大考例》卷 11《历日考》，《茶山学团文献集成》第 8 册，第 598 页。
② 《通文馆志》卷 3《事大·赍咨行》，上册，第 197 页。
③ 《同文汇考》原编卷 42《历书》，第 1 册，第 808 页。

例引至班末谢恩，敬谨领受，似于典礼体制均为有当。①

　　诺穆浑的意见得到了乾隆皇帝的首肯，并移咨国王遵照实行。当年礼部就按照这一指示通知朝鲜赴京的赍咨官金圣泽，于十月初一由礼部派员带领其至午门前谢恩领取。② 自乾隆三十年（1765）开始，朝鲜领历官正式在午门于十月初一同日领取历书。其国领历官使行，通常包括领历官一人、通事一人、从人十名左右，例如乾隆十四年（1749），领历一行包括领历官司译院正金凤瑞、小通事一名、从人十名，礼部题请上次金凤瑞银 30 两，小通事 8 两，从人每人各 4 两，恩宴一次，然后遣回。咸丰六年（1856）的使团包括领历官一员、小通事一名、从人11 名，礼部尚书瑞麟等题请："照例赏该赍咨官一员银三十两，小通事一名银八两，从人十一名每名银四两，共银八十二两。恭候命下，行文户部领取，由臣部颁给，并在部筵宴一次，遣令回国。"③ 由这两个例子也可以看出，这种领历使团的规模和清朝赏赐的规矩，一百余年间均保持一致。

　　朝鲜在与中国的宗藩框架内全面接受了《时宪历》的推步算法，也因之直接受到了清朝康熙初年历法之争的影响。康熙四年（1665），在以杨光先（1597~1669）为首的反对西洋新法的一派的打击之下，钦天监汤若望、李祖白等一干主持新法历书的官员下狱待斩，史称"康熙历狱"。次年京师地震，汤若望以皇太后（孝庄）懿旨得免，而李祖白、宋可成、宋发、朱光显、刘有泰等五位奉教监官仍然被杀。杨光先获得了辅政大臣鳌拜的支持，在他主持之下的钦天监迅速废除了西洋历法，自康熙六年（1667，岁在丁未）开始恢复传统的《大统历》推步算法。朝鲜在康熙五年（1666，岁在丙午）年底收到《时宪历》之后，观象监发现："以今来清国新历考准，则尽弃丙午以前所用西洋历法，复用大统历法，故节候之入，多有差异处，而与进上写本《大统历》

---

① 《同文汇考》原编卷 42《历书》，第 1 册，第 811~812 页。原文只提到"本部左侍郎诺"，其中的"诺"指署理礼部左侍郎的内阁学士诺穆浑，参见钱实甫《清代职官年表》，中华书局，1980，第 1 册，第 421 页。

② 《同文汇考》原编卷 42《历书》，第 1 册，第 811 页。

③ 中国第一历史档案馆藏《内阁全宗·内阁外交专案》，咸丰六年十月二十七日礼部尚书瑞麟等题请颁赏朝鲜来使，卷号 8。

相合。"于是国王决定本国历书也恢复采用大统历法。① 然而，康熙八年（1669），康熙在除掉权臣鳌拜并亲政以后，废黜了并不精于历法推步的杨光先，任用耶稣会士南怀仁（Ferdinand Verbiest，1623－1688）重掌钦天监，于康熙九年（1670，岁在庚戌）年历日开始重新恢复西洋算法。② 朝鲜也同步再次恢复了西洋算法，大统历法仅存留于观象监每年专门编写进呈给国王的历书之中。这一康熙历法之争，还直接影响到了朝鲜王世子李焞（即日后的肃宗）的生辰。清顺治十八年（朝鲜显宗二年，1661，岁在辛丑）八月十五日，李焞出生，这个日期便是按照当时推行的时宪历的西洋历法所算的。康熙六年（1667），李焞获封世子，而这一年恰好是清廷废除西洋算法而恢复为大统历法的时候，朝鲜也与清廷一样重启了大统历法。李焞出生的 1661 年有一个闰月，按照西洋历法闰在七月，而按照大统历法则闰在十月，如果按照大统历法的话，时宪历中的闰七月应该是大统历的八月、时宪历的八月当系大统历内的九月，所以李焞在西洋历法中的八月十五日的生日在大统历中就是对应的九月十五日，于是 1667 年，朝鲜将世子诞辰从八月十五日改至九月十五日，以符合改回清朝大统历法的举动。及至 1670 年，康熙皇帝恢复西洋历法，朝鲜一并重启时宪历法，并于 1671 年将王世子诞辰又从九月十五日改回到八月十五日。③ 从王世子诞辰日期改换一事，可以看到朝鲜作为外藩属国遵从中国历法，一荣俱荣、一损俱损。

朝鲜虽然采用《时宪历》推步算法，也年年领受中国皇历，但和中国各直省的布政使衙门照历书样本翻印历书不同，观象监并非直接照着中国皇历翻印，而是编印有自己的历书，对《时宪历》并非悉数照

① 《朝鲜显宗实录》卷 16，显宗七年十二月丁巳，第 21 页 b。

② 有关康熙历狱，参见吴相湘主编《中国史学丛书》第 24 辑《天主教东传文献》（学生书局，1965。该辑包含南怀仁之《熙朝定案》、利类思、南怀仁之《不得已辩》等在内）；韩琦、吴旻校注《熙朝崇正集·熙朝定案（外三种）》（中华书局，2006）；黄一农《择日之争与"康熙历狱"》，《清华学报》（新竹）1991 年新第 21 卷第 2 期，第 247~280 页；Chu Ping-yi，"Scientific Dispute in the Imperial Court：The 1664 Calendar Case，"*Chinese Science* 14（1997）：7–34；Catherine Jami，*The Emperor's New Mathematics：Western Learning and Imperial Authority during the Kangxi Reign*（1662–1722）（New York：Oxford University，2012），pp. 49–65。

③ 《朝鲜显宗实录》卷 14，显宗八年八月己卯，第 16 页 b；卷 19，显宗十二年八月丙戌，第 38 页 a。

搬，历书末尾也模仿钦天监的做法载有本国观象监官员的列名。《时宪历》相比于《大统历》，最突出的一个特征是在卷首增加了各直省、各蒙古回部等地方的非常详细的节气时刻和日出入时刻对照表，随着清朝开疆拓土，这一表格部分屡为增加，有力地彰显了清朝中国的大一统。朝鲜历日本身没有这一内容，乾隆五十六年（1791）朝鲜观象监提调徐浩修，意识到了这一问题："我国东西一千余里，南北二千余里，以直道计，则经差当过数三度，纬差当过四五度，而云观推步，但依《历象考成》所载汉阳北极高度与偏东西度，以极度推汉阳日出入时刻，以偏度加燕京节气时刻而已。至于诸道北极高度与偏东西度，则既无测验之立成，故畴人辈，不知以汉阳节气时刻与日出入，为之加减，是即京畿以内之历，而非八道通用之历也。"徐浩修提到的《历象考成》系康熙末年清廷所编成的推算之书；"北极高度"即北纬纬度；"偏东西度"即以汉城为子午线所推算之东、西经度，系仿照中国历法以北京为子午线所推各地东西偏度之法；"云观"即书云观，高丽后期到朝鲜初期的天文观测机构，至朝鲜世宗十二年（1466）改为观象监，如同中国之钦天监。徐浩修建议仿照中国历书，在本国历书之前增加八道的节气时刻和日出入时刻，并且根据各道"观察营所治"即各道观察使所在的地方，计算出了维度和经度。然而对于将这些"八道刻差"增编卷首一事，庙堂意见不一，最终废不能行。[1] 例如负责监印《协纪辨方书》的大臣徐有防，就认为添刊这些数据，"徒归观美，本监事役亦不逮"[2]。因此，朝鲜的历书一直没有像《时宪历》那样增加各道节气时刻和日出入时刻。与朝鲜形成对比的是，越南后期的历书"协纪历"就仿照时宪书的样子，刊印有越南各省的节气时刻表，例如《大南成泰十六年岁次甲辰协纪历》就是如此，"成泰十六年"系格里高利历纪元1904 年，但这种越南各省节气时刻表早就有之，并非 1904 年方出。[3]

朝鲜虽系外藩属国，但在清朝的《时宪历》的节气时刻和日出入时刻列表、钦天监有关日月食推测的题本以及礼部关于日月食救护的题

① 《朝鲜正祖实录》，十五年十月壬子（十一日），第 33 卷，第 36 页 b。
② 《朝鲜正祖实录》，十六年六月癸未（十六），第 35 卷，第 30 页 a。
③ 《大南成泰十六年岁次甲辰协纪历》，越南河内汉喃院馆藏，编号 02813。笔者在此谨向提供这一资料的王淑慧博士表示感谢。

本之中，却一直列在各直省之内。在这一方面，历书的汉文、满文和蒙文本是一致的。在历书的节气时刻列表中，清朝初期将朝鲜列在首位，位于盛京之前。① 对于朝鲜列入直省之内，清朝官员并没有提出异议，但就其列于首位之事则有所议论。康熙十七年（1678），吏科给事中李宗孔上疏认为朝鲜在节气时刻列表中应该附于直省之末才是，但钦天监监正宜塔喇与钦天监治理历法加通政使司通政使南怀仁认为"今历本内所列诸省之序，即全合于天地经纬之序"，并解释说："今朝鲜既在诸省最东，则列在诸省之先，正合天行，亦合地经纬之序。若依各省尊贵定序，则朝鲜不但论节气应附在直省之末，即论太阳出入，不应同山东列在第三行内，亦分开另附于诸省之末矣。若历本内将朝鲜列在诸省之末，即如舆图内将最东之朝鲜移在云南最西之后，如一年之内，将先月移在于后月一月之中，将先日移在于后日可乎？此不合天地经纬之序矣。"② 最后李宗孔的提议并没有被采纳，朝鲜继续在节气时刻列表中位居前列，只是到乾隆朝的时候节气时刻列表亦改为盛京为首，朝鲜再也没有列在首位。朝鲜每年都获赐皇历，却并未对本国名列中国各直省一事提出异议，由此亦可见宗藩理念的深刻影响。

四 "大统余分"：朝鲜儒学人士的崇明心态与对待清代历书的态度

朝鲜众多的知识分子崇明贬清的心态一直延续到朝鲜王朝末期，在其众多的现实表现当中，除在书信与书院牌匾等实物上大书崇祯后纪年之外，还包括涂抹历书上的清朝年号。此等士子儒生认为明之《大统历》才是历书正统，不认可清朝的《时宪历》，至有称《时宪历》为"大统余分"者，意即大统历法之余末，以示轻蔑。现在韩国的韩国学中央研究院藏书阁收藏有一批历书，注明是"兴德平海黄氏颐斋胤锡后孙家典籍"，"黄氏颐斋胤锡"即系朝鲜英祖和正祖在位时候的性理学

---

① 参见王元崇《清代时宪书与中国现代统一多民族国家的形成》，《中国社会科学》，总第 269 期（2018 年 5 月），第 185~203 页。

② 康熙十七年礼部题本，韩琦、吴旻校注《熙朝崇正集；熙朝定案（外三种）》（中华书局，2006），第 134~136 页。

家黄胤锡（1729~1791，字永叟，号颐斋，本贯平海），可见这批历书系其孙辈所用，而且其中颇有将历书改题"大统余分"之举。实际上，黄胤锡本人就在其著作中称时宪书为大统余分，则其子孙遵奉家教，一直到清末不改祖宗旧例。例如，朝鲜观象监印行的同治七年（1868，朝鲜国王李熙［高宗］即位五年）的历书，题名是"大清同治七年岁次戊辰时宪书"，黄家人将"大清"与"时宪书"五字以×号划掉，在右边另书一列对等题名曰"皇明崇祯纪元后二百四十一年戊辰大统余分"。所谓"崇祯纪元"是从1627年崇祯元年起算，即位后第241年即1868年。清朝光绪四年（朝鲜国王李熙即位十五年，1878，岁在戊寅）时宪书，即《大清光绪四年岁次戊寅时宪书》，黄家人复于其上涂掉"大清光绪四年"，在右侧添写有朝鲜和明朝的两个纪年："我太祖定鼎四百八十七年，圣上即祚十五年，皇明崇祯二百五十一年"，而"岁次戊寅时宪书"也被称为"岁次戊寅大统余分"。其"太祖定鼎"指李成桂建立朝鲜，当公元1392年；"圣上即祚"指当时的朝鲜国王李熙即位，系1864年；"皇明"系朝鲜对明朝一贯之尊称。① 通过这种方式，像黄氏家族出身的那些朝鲜士人获得了一种自身文化态度上的满足。1895年中朝宗藩关系结束以后，朝鲜摒弃清朝纪年，其1896年的时宪书题名曰："大朝鲜开国五百四年岁次乙未时宪书。"② 次年朝鲜改为大韩帝国，改元"光武"。光武二年（1898）朝鲜将历书名字从"时宪书"改为"明时历"，乃取《周易·泽火革卦》内的"君子治历明时"之意，但其历算推步仍本《时宪书》。然而，朝鲜士人的并书纪年的做法在中朝宗藩关系终结之后，反倒在一部分士人心中引发了对清代中国的态度的变化，也包括黄氏家族。例如黄家使用的一份《大韩光武二年岁次戊戌明时历》上，黄家人居然于题名前并书了另外三个有关明代中国、清代中国和朝鲜本国的纪年："崇祯二百七十一年""光绪二十四年""我太祖定鼎五百七年○○圣上即位三十五年"。③ 揆诸黄胤锡以降

① 韩国韩国学中央研究院藏书阁藏《大清光绪四年岁次戊寅时宪书》（朝鲜观象监编印），馆藏编号524子部第35号。

② 韩国韩国学中央研究院藏书阁藏《大朝鲜开国五百四年岁次乙未时宪书》（朝鲜观象监印），馆藏编目PC8A-15-001。

③ 韩国韩国学中央研究院藏书阁藏《大清光绪四年岁次戊寅时宪书》（朝鲜观象监编印），馆藏编号538子部第49号。

尊周思明贬清的传统，此种历书上公然题上清代年号之举颇不可解，但或许可以反映当时黄氏家族心理上的一些微妙的变化。

与士人自身的做法形成鲜明对照的是，朝鲜官方并未有类似的公开举动，在通用历书上都是采用大清正朔。康熙六年（1667，丁未），即北京历狱以后清朝在杨光先主持之下恢复大统历法而朝鲜也同步恢复大统历法之年，有林寅观等95位从台湾郑氏政权乘船到日本长崎贸易的中国商民，海上遭风后漂流到朝鲜济州大静县，他们身着明朝服装，并携带有南明永历年号的历书，全罗道观察使洪处厚将一干人上送汉城。对这95人的到来，朝鲜君臣大为惊讶，第一次切实感受到了南明政权的存在（虽然当时永历帝早已遇害），特别是他们携带的永历历书，乃明朝仍在华南一带延续的确凿物证。然而，此时朝鲜与清廷之间的关系比较微妙，国王李棩（显宗）个人对清廷的态度也比较务实，最后君臣上下经过一番讨论之后，虽然口口声声遵奉明朝，却最终为了不被清廷问罪，决定将这95人全部西送北京。随后，这老老少少95人全部在京问斩。丁未漂流人的这种鲜血涂地的惨烈下场，与朝鲜自"丙子胡乱"以降上到庙堂下至士林热烈提倡的春秋大义和尊周思明是截然相反的，将朝鲜一干君臣在义理与现实之中的极大冲突和纠结，甚至很大程度上的伪善，暴露无遗。丁未漂流人惨剧发生以后，朝鲜君臣十分愧疚，良心未安，此后对漂流到该国的南明政权的"唐人"，采取就地遣送的政策，不再上送汉城或西送北京，到朝鲜正祖二十二年（1797）还开始祭祀林寅观等95人。① 本来这95人遇害可以说是朝鲜方面一手造成的现实悲剧，但他们死后却成为朝鲜方面增加其在内部继续进行尊明活动的政治文化表演的一个内容。

结　语

通过尊奉中国正朔和使用中国历法，中国与朝鲜在时间上完成了同步，这是宗藩体系非常重要的一个层面，而且体现了欧洲近代科学技术特别是天文学和数学知识通过中国的宗藩体系进一步向外藩属国传播，

---

① 有关丁未漂流人的具体情形，见孙卫国《从"尊明"到"奉清"》，第233～258页。

是中西交通史或"全球史"（global history）、"世界史"（world history）
之一部分。同样道理，在 19 世纪后半叶，从时间上脱离中国的正朔体
系，也成为朝鲜等国家逐步融合进近代欧美国际法体系规范的世界秩序
的重要一环。就朝鲜而言，甲午中日战争后，朝鲜启用本国年号，并在
"建阳元年"即 1896 年开始采取格里高利历纪月和纪日。前文所提到的
1899 年中韩签订《通商条约》的末尾，落款时间并列为"光武三年九
月十一日"（阳历月日）与"光绪二十五年八月初七日"（阴历月日），
已是宗藩时代结束的另一表现，亦是其国取得短暂的独立地位的一种在
时间方面的呈现。

Regnal Titles，Calendars，and Time in Sino-Korean Zongfan Relations during the Qing Dynasty

Abstract：China and Korea maintained a hierarchical Zongfan（tributary）relationship during the Qing period in which Korea accepted Chinese imperial regnal titles and calendars. While imperial calendars synchronized time in the Chinese world，this article reveals that the Korean side possessed great flexibility in terms of adopting China's regnal titles and calendars in the native context. The Korean responses to China's supreme authority in the temporal sense could go explain that the autonomy of China's subordinate countries helped those countries to join the western international order and present their short-lived independence in the late nineteenth century.

Keywords：Qing China；Chosŏn Korea；Zongfan Relations；Regnal Title；Calendar；Time

为何金时宗必须死？

——清朝与朝鲜边境空间性质的再思考

宋念申[*]

摘要： 本文将边界视为一种社会机制（social institution）。在思考国家边界或边境地区的地理形态时，学者们倾向于将它们视为线性或带状空间，在区隔不同国家的同时，也将它们联系起来。区别于主流边界研究多从国家间关系的角度讨论，本文重点强调国内政治因素，并在探讨历史边界地区的地缘和文化意义的基础上，提出一种新的边境空间的解释。中国和朝鲜沿鸭绿江和图们江的边界，可以说是至今仍然有效的最古老国界之一。17世纪中叶，女真—满洲政权的皇太极两次征伐朝鲜后，两国确认"各守封疆"。此后界河地带被刻意空出，作为两国间的"缓冲区"。然而，这条边界的地缘政治功能，超出了防御或连通的一般意义。从17世纪中叶到19世纪中叶，清廷和朝鲜王廷都以严刑峻法，控制国内人口流向各自的东北和北部边疆。维护满人和朝鲜人身份的内部焦虑，加上控制边界以对抗外部威胁的战略需求，共同勾勒出中朝边境空间的性质。因此本文认为，在理解国家边界管理方式时，我们必须加入对特定历史时期国内族裔政治因素的考量。清朝、朝鲜边

---

* 宋念申，清华大学人文与社会科学高等研究所教授。此研究是国家社科基金"铸牢中华民族共同体意识研究专项"［22VMZ014］"边疆社会的空间意义与中华民族多元一体格局的现当代变迁研究"阶段性成果。本文部分内容及观点曾以"A Buffer against Whom? Rethinking the Qing-Chosŏn Border Region"发表于 *Geopolitics*，DOI：10. 1080/14650045. 2020. 1844670。中文版较英文版有增减改动。山东大学丁晨楠女史对本文提供了重要的审读意见和内容补充，特此致谢。

境，是一种既向内又向外的"双重缓冲地"。本文利用两国官方史籍和地方志，从边境视角出发，讨论现代早期东亚的国家关系与地缘政治的微妙性质。

关键词： 清朝　朝鲜王朝　鸭绿江　图们江　边境

朝鲜国民人金时宗，生年不详，咸镜道稳城府人士，曾在柔远镇充任土兵。1737年，因参与处理一起越界偷盗案件，与居住在图们江对岸的清朝猎户王高士打过交道。第二年，穷困不已的金时宗，带着10岁和8岁的两个儿子，四处流浪行乞，在其他几位早年越境居住的朝鲜边民的劝说下，竟也违法越境，还受到王高士等几位清国人的收留。他们"与同伙诸人行猎为业"，往来界江，时常拿了猎获的皮物，到朝鲜换得米谷。不承想1739年的一天，金时宗在回朝鲜境内偷换粮食的时候，被当地官兵擒获。[①] 被捕的时候，金打扮成清国人的样子，剃了头发，身着"胡服"。按照惯例，朝鲜国王李昑（即英祖）咨报清朝礼部，请求对越境案件的处理意见。依两国刑则，金时宗以及同案五人"当以极律论断"。[②] 但当朝鲜方面建议判以"立斩"时，清朝礼部却觉得有些重了。

乾隆初年，清、朝两国的政治关系已日趋稳定，清朝对越境事件的处理，也较康熙、雍正两朝宽松不少。礼部先是回咨"降斩为绞"，且拟第二年秋后再行处决。而在秋审之后，又行文朝鲜方面，说"金时宗等，因贫不资生，私越疆界，与内地居民司伙行猎，并为无匪别情"，因此改判金时宗等人"俱应缓决"。[③] 然后又过了两年，清朝礼部再次想起此案，这次明确行咨藩属国，免除几名人犯死罪。然而，就在上年，朝鲜已将金时宗等人绞刑处死，且没有告知上国，仅仅含糊其词地说按咨遵行。[④] 接到礼部最后的来文，朝鲜君臣虽然紧张了一下，但木已成舟。金时宗等究竟只是一介草民，此案也就草草敷衍，没有掀起任

---

① 中国第一历史档案馆：《题为边民犯法越境往来捕究驰报事》，档案编号02-01-005-022716-0029。

② 《承政院日记》，英祖十七年一月二十五日。国史编纂委员会 https://sjw.history.go.kr/main.do。

③ 《承政院日记》，英祖十八年六月三十日。

④ 《承政院日记》，英祖二十年二月二日。

何波澜。

为什么在上国一再要求减刑开恩的情况下，这些贫苦的朝鲜边民，仍遭本国政府处以极刑？从《承政院日记》等存世文献上看，这似乎是沟通不畅导致的失误。但是放在更大的历史背景中，其背后的原因却更为复杂微妙。它折射出 17 世纪中叶到 18 世纪中叶，清、朝边境的某种特殊性质。

本文即从国内政治与国家间关系这两重视角，探讨中朝边地空间的形成与发展，尤其关注这一地区的生态与社会环境，以及边界、边境、边疆的不同语义以及它们之间的相互关系。从纯粹地缘政治的角度而言，边界可被定义为"划分国家主权之线"，[①] 而边疆则是位于国家边缘的宽阔地带——此边缘既可以是地理上的，也可以是经济、政治或者文化上的。当然，边界与边疆之间的差异不仅仅是物理形态意义上的，而是更为复杂的，不过两者都起到某种分野的作用。以清代中国和朝鲜王朝为例，两国不仅被线状的边界——鸭绿江和图们江——隔开，也被各自更具环境与文化意义的边疆地带隔开，这就是清朝的东北（满洲），与朝鲜的咸镜、平安二道。更重要的是，这两重隔离的设置，都不只是出于相互防范或者交往的考虑。的确，清朝和朝鲜实行严格的边禁政策，限制人员往来，但两国又都严密控制国内人口流向边疆地区。而在今天中国东北南部、靠近两江的地带，清、朝两国共同构筑起一条缓冲地带，原则上是为了防止边民互通声息。而这一条人迹罕至的地带，就成了防范国外与国内"他者"的所谓"双重缓冲"地带，尤其于清廷而言更是如此。这片缓冲地域体现了两个王朝的内外焦虑，即从地理与精神意义上，为"自我"确定边界，树立身份。或许只有从这个角度观察，我们才会理解为什么金时宗等越境者非死不可。

塑造边界：一场三边博弈

类似金时宗这样的非法越境案件，在有清一代毫不新鲜。从清朝入关之后到 19 世纪，越境案件频发、难以计数，我们能够知道的，更多

---

①   A. Giddens, *The Nation-State and Violence* (Berkeley: University of California Press, 1985), p. 51.

是那些引发两国政府关注，导致会审的案件。① 非法越境案时有发生，并非因为边界不清晰。相反，中原王朝与朝鲜的边界线，即鸭绿江与图们江，总体来说相当明确和稳定。鸭绿江边界形成于 14 世纪晚期，图们江边界形成于 15 世纪中期，而除了两江闰的长白山主峰一带有所模糊，两条界江一直被当作两国的分界线，直至今天。所以，传统政治学中"只有民族国家有边界，帝国仅有边疆"的论断，在这里是不适用的。中国与朝鲜的边界，是延续最久、至今有效的国家疆界之一。

这条边界最初形成的时候，清代还没有建立。有三方政治势力卷入边界塑造中：明朝、高丽/朝鲜王朝，以及女真/满洲。鸭绿江自长白山向西南，流入黄海，于高丽王朝时代（918~1392）成为朝鲜半岛政权的西北边界。在蒙古人建立的元朝（1271~1368）渐趋衰落后，高丽扩展至原来由元朝控制的半岛西北部，将边境推至鸭绿江中下游一带。朱元璋建立的明朝（1368~1644）将元北逐，赶到长城以外，巩固在中原的统治。高丽王朝曾经试图进一步北拓至辽东，但在主张亲明政策的将军李成桂（1335~1398）的反对下，北上攻明的计划搁浅。此后，李成桂推翻高丽王朝，建立新朝。为表忠明之意，李成桂（后追谥朝鲜太祖）请朱元璋为新朝挑选名字，明太祖朱元璋选择"朝鲜"一名，谓"朝日鲜明"。至 1401 年，明朝建文帝正式册封朝鲜太宗李芳远为"朝鲜国王"，两国自此正式建立了宗藩关系。"宗藩"一语比学界常用的"朝贡"一词具有更为丰富、复杂的关系含义。朝贡突出的是上下国之间的经济往来与物质交换，而宗藩源自儒家礼制规范，由家庭关系拓展至国家间关系，强调的是宗与藩之间在相互承认基础上的相互权利义务制约。具体到中朝关系而言，即朝鲜对中国的"事大"与中国对朝鲜的"字小"，相互对应。② 以此为背景，两国亦恪守以鸭绿江为界的习惯。而在朝鲜王朝建立的最初几十年中，其势力逐渐于 15 世纪上半叶

---

① 李花子：《17、18 世纪中朝围绕朝鲜人越境问题的交涉》，《韩国学论文集》第 13 辑，第 76~87 页。

② 有关宗藩与朝贡的讨论，参见 Nianshen Song, *Making Borders in Modern East Asia: the Tumen River Demarcations, 1881–1919*（London：Cambridge University Press, 2018）; Yuanchong Wang, *Remaking the Chinese Empire: Manchu-Korean Relations, 1616–1911*（Ithaca：Cornell University Press, 2018）。

延展到鸭绿江的上游，设立了闾延、慈城、茂昌、虞芮等西北四郡。[①]
但很快，由于蒙古瓦剌部袭扰辽东，致朝鲜的宿敌女真李满柱部南迁，
朝鲜决定防线回缩，撤废了地形险要、难以有效管理的四郡。

图们江从长白山向东北方向流出，注入日本海，直到 15 世纪中叶才
成为朝鲜边界。图们江流域位于朝鲜半岛东北部以及今天吉林的东南部，
为从事集采的女真部落世居之地。女真人分为若干部族，不同部族分别
向明朝、朝鲜纳贡输诚，有的也向两者同时称臣。历史上，女真与明朝、
朝鲜时有冲突，部族之间也争斗不已。在 15 世纪早期，斡朵里部首领猛
哥帖木儿（1370~1433）占据着图们江中下游地域，他既是明朝册封的建
州左卫指挥使，也接受朝鲜的册封。1433 年，猛哥帖木儿被叛乱的杨木
答兀所杀，之后，建州左卫西迁至辽东苏子河一带。[②] 利用图们江中下游
空出的机会，朝鲜世宗大王（1397~1450）令大将金宗瑞驱逐半岛东北部女
真部族，将朝鲜边境拓展至图们江。世宗在中下游沿江的南岸设立了六处
军镇，分别是会宁、钟城、稳城、庆源、庆兴和富宁，合称东北六镇。这
是朝鲜王朝开拓此地之始。19 世纪早期编成的地方志书《北路纪略》指出：
"夫新罗统一之时，力不及于东北，悉沦于女真。高丽太祖统合三韩，亦只
以铁岭为界。其后以次剪除，然旋得旋失。至于我朝，限江为界，疆域始
全。"[③] 六镇后升为府。至 17 世纪晚期，位于图们江上游的茂山府从富
宁析出，代替富宁成为新六镇之一，也标志着朝鲜王朝的疆域进一步拓
展至此界江的上游。虽然此后围绕界江也有过一些矛盾和交涉，但中朝
两国边界从这个时候起，就大体稳固在图们、鸭绿两江一线。

到了 17 世纪初，猛哥帖木儿的后代努尔哈赤（1559~1626）统一
了女真诸部，并起兵叛明。其子皇太极（1592~1643）于 1636 年改女
真为"满洲"，建元"大清"。在入关前，皇太极曾两度入侵朝鲜，最
终迫使朝鲜国王转而投效清朝。在两个政权的誓词中，它们约定"各守
封疆"，确认了满洲与朝鲜的边界线。[④] 1644 年，清军长驱直入北京，

---

① 杨昭全、孙玉梅：《中朝边界史》，吉林文史出版社，1993，第 132~139 页。

② 刁书仁：《正统年间建州左卫西迁考实——兼论东亚地区女真与明朝、李氏朝鲜的关系》，《中国边疆史地研究》2010 年第 4 期，第 34~46 页。

③ 《北路纪略》，亚细亚文化社，1974，第 271 页。

④ 《朝鲜王朝实录》，仁祖五年三月三日。国史编纂委员会 https：//sillok.history.go.kr/main/main.do。

之后更平定南明，结束了明朝在中原的统治。原来处于明与朝鲜之间的满洲边疆政权，一跃而成为新的中原王朝，并称雄整个东亚区域。清朝不但继承了明—朝鲜之间的宗藩等级次序，而且继承了明与朝鲜之间的边界。为防止非法越界行为，两国约定禁止边民居住于界江附近，特别是两江以北的清朝地方。如此一来，边界两边一段宽阔地带成为瓯脱之地，事实上的"缓冲地"。

本来，这段缓冲区域是为了防止两国间的犯越，但很快，此边疆空间由于两国内部的政治、经济及社会变化，而获得了新的意义。由此，我们不能仅仅从物理意义上理解此空间，还要将它看作一种社会机制（social institution），看到人、空间、环境与国家之间密切的关系。

清朝的满洲：存储国运的龙兴之地

定都北京之后，大部分清朝人口"从龙入关"，这包括八旗兵丁、家属、仆从、奴隶等。根据不同的统计数字，总共有大约 100 万人从关外转移到了长城以内。① 东北边疆的人口密度本来就远低于中原内地，而随着满人入关，关外人口日益稀少。但是满人视东北为故土，因此这个边缘地带仍然非同寻常，在政治、礼仪、经济和社会诸方面高度重要。② 因此清朝在此地亦推行一套较为独特的政策制度。在顺治朝（1644~1661），清政府鼓励农业移民开垦辽东半岛（所谓"辽东招垦"）。此举既为增加辽东人口，也为提高本地农业生产。不过在不到 20 年的时间里，清朝即停止招垦政策，严禁新的人口移入。

与以往的中原王朝一样，清朝乃一多民族王朝。而在清朝统治者看来，驾驭生活方式如此多样、文化习俗各不相同的人口，关键在于"因俗而治"，并在一定程度上维系其不同。这一政策有时也被解释为"分而治之"。清政府对中国疆域内的不同地方，施以不同的官僚架构和管治方式。比如，对以汉人农业人口为主体的中原地区，清朝沿用明制，以六部制的官僚机构管理。对于蒙西等游牧社会，清朝设立理藩院制

---

① 王钟翰：《清史新考》，辽宁大学出版社，1990；张杰、张丹卉：《清代东北边疆的满族》，辽宁民族出版社，2005。

② M. C. Elliott, "The Limits of Tartary: Manchuria in Imperial and National Geographies," *The Journal of Asian Studies* 3 (2000): 603–46. doi: 10.2307/2658945.

度，并同当地部族领袖与宗教领袖维系草原社会关系。不过在东北地区，清朝既没有实施六部制，也没有实施理藩院制，而是采用所谓军府制。①

清代东北的独特性体现在两个方面。第一，它是"龙兴之地"，乃皇祖肇兴之所。虽然入关后，满洲贵族精英大多出身北京或者其他中原地方，但他们仍然想象东北为根基所在，乃国运永存之地。尽管所谓"满洲"的概念，指的是八旗人口，并不能简化为某一单一族裔，② 但到了清中期，东北盛京为祖宗圣地的观念，已经在这群内部多元的人口中牢牢扎根，广为接受。③ 第二，作为地域的"满洲"（西文中的 Manchuria），是一个连接起不同生态系统、不同族群杂处的边疆地带。④ 清朝文献对此地域的称呼并不统一，早期多以"盛京"指称。因此在不同语境中，"盛京"既指清代关外第一大都会沈阳城，也指盛京将军辖地，更指满洲全域。清代满洲的疆域十分辽阔，东南方的辽东半岛是一个成熟的农业区，早在公元前 4 世纪，汉人就已开始开发辽东。西部和西北部连接着蒙古草原的东缘，数千年来滋养了无数游牧部族。剩下的一大部分是高山密林、未开发的湿地，以及平原。为数众多的当地部族（也包括女真部族）从事各种生产方式，既有农垦，也有渔猎和集采。各类社会—生态系统相互交叠，刺激了相互间的贸易往来。比如，蒙古草原的马匹、山区的毛皮与人参、辽东的农具和铁器，都是非常重要的商品。建州女真的崛起，很重要的一个原因，就是努尔哈赤和皇太极成功垄断了满洲与中原之间的贸易特权，从中获取了巨大的利润。⑤ 由于

① R. H. G. Lee, *The Manchurian Frontier in Ch'ing History* (Cambridge Mass.: Harvard University Press, 1970).

② L. E. Kim, *Ethnic Chrysalis: China's Orochen People and the Legacy of Qing Borderland Administration* (Cambridge Mass.: Harvard University Press, 2019).

③ M. C. Elliott, *The Manchu Way: The Eight Banners and Ethnic Identity in Late Imperial China* (Stanford: Stanford University Press, 2001); E. J. M. Rhoads, *Manchus and Han: Ethnic Relations and Political Power in Late Qing and Early Republican China, 1861-1928* (Seattle: University of Washington Press, 2011).

④ O. Lattimore, *Inner Asian frontier of China* (Boston: Beacon Press, 1967).

⑤ G. R. Li, 2008. "State Building before 1644," in *Cambridge History of China*, vol. 9, part 1: *The Ch'ing Dynasty to 1800*, ed. W. J. Peterson (Cambridge: Cambridge University Press, 2008), pp. 9–72.

总体人口密度不大，所以除辽东半岛之外，清代东北并未建立起架构复杂的民政官僚体制。

清代在东北实行军府制管理体制，由三位"将军"统合管理。三者中最早建立的是辽东将军和宁古塔将军，都设于 1662 年。辽东将军管理辽东地区，在 1747 年更名为盛京将军。宁古塔将军管理清代东北的中部和西部，包括与俄罗斯和朝鲜接壤部分。在 1683 年，为了巩固北部对俄罗斯的边防，从宁古塔将军析出黑龙江将军。1757 年，宁古塔将军府迁至吉林乌拉，从此宁古塔将军则更名为吉林将军。三位将军中，盛京将军更兼统领东北全境军民事务之责，政治地位更高。尽管在 20 世纪之前，盛京、吉林、黑龙江并未设省治，但清代文书中为方便起见，常有"东三省"之称，代指东北。清朝、朝鲜边境，大部分位于吉林将军境内，只有鸭绿江下游一带，属于盛京将军辖区。①

清初的辽东移民政策大大扩充了辽东半岛的农垦区域，不过很快，清政府就发现其负面效应：难以计数的华北移民，来到辽东后，继续向满洲腹地扩散。他们从事各种更易获利的生计：采参、伐木、偷猎等。这些行为不但违反皇家对当地野生物产的垄断性开采特权，更为严重的是破坏了当地的社会与生态环境。不少八旗兵丁将分配给自己的土地偷偷卖予民人，以图渔利，渐失简朴之风。珍贵物产，如毛皮、珍珠、人参等，也日益稀少。令清廷所担忧者，此种变化最终将致满人丧失传统的骑射之风，败坏尚武精神，国运黯然。② 美国学者戴维·贝洛（David Bello）认为，"任何族裔身份的形成……都不仅是文化的，也是生态的"③。正因为满人精英的身份认同与东北生态的"纯粹性"紧密相关，所以从 17 世纪 70 年代起，清政府开始逐步构建一条内部疆界，将辽东的人口与东三省其他地方相隔绝。此内部疆界，即为"柳条边"。④

两条柳条边大致呈"人"字形，一条将辽东农业区与北部和西部

---

① 谭其骧：《中国历史地图集》，中国地图出版社，1987。

② J. Schlesinger, *A World Trimmed with Fur: Wild Things, Pristine Places, and the Natural Fringes of Qing Rule* (Stanford: Stanford University Press, 2017).

③ D. A. Bello, *Across Forest, Steppe, and Mountain: Environment, Identity, and Empire in Qing China's Borderlands* (Cambridge: Cambridge University Press, 2016), p. 3.

④ 杨宾：《柳边纪略五卷》，台北艺文出版社，1967。

的草原地带相隔，另一条将辽东与满洲腹地的森林地带相隔。在边墙一线，设"边门"20座，由军队驻守。任何人无通行证照，概不可越边而入，偷越者即行捕获严惩。这一政策后来被清史研究者称为"封禁"。① 关于柳条边的社会功能及政治意义，乾隆皇帝在1754年东巡时作的《柳条边》一诗，说得非常明确：

> 西接长城东属海，柳条结边画内外，
> 不关阨塞守藩篱，更匪春筑劳民愸。
> 取之不尽山木多，植援因以限人过，
> 盛京吉林各分界，蒙古执役严谁何。
> 譬之文围七十里，围场岂止逾倍蓰，
> 周防节制存古风，结绳示禁斯足矣。
> 我来策马循边东，高可逾越疏可通，
> 麋鹿来往外时获，其设还与不设同。
> 意存制具细何有，前人之法后人守，
> 金汤巩固万年清，讵系区区此树柳。

《奉天通志》也说："清起东北，蒙古内附，修边示限，使畜牧游猎之民，知所止境，设门置守，以资镇慑。"因此，这种"画内外"的格局是双向的：既不许民人渡往山林、围场，也防止"畜牧游猎之民"进入农垦区。尽管柳条边既非国界亦非省界，但国家法令严禁边墙内外的住民相互混杂，即如乾隆帝所言"周防节制存古风"。② 而外来的观察者很容易将柳条边视为国家行政的刚性边界。比如曾帮助康熙皇帝测绘东北的法国耶稣会士雷孝思（Jean-Baptiste Régis，1663–1738），就在其报告中称，柳条边是中国"辽东省"和"东鞑靼"（欧洲人对东北的

---

① 也应该注意到，实际施行过程中，所谓"封禁"并不是在整个东北地区都持续严格实施的。比如，当华北地区出现灾荒，清政府也会适当放松禁令，听任部分灾民进入吉林和黑龙江。

② U. E. Bulag, "Rethinking Borders in Empire and Nation at the Foot of the Willow Palisade," in *Frontier Encounters: Knowledge and Practice at the Russian, Chinese and Mongolian Border*, eds. F. Billé, C. Umphrey, and G. Delaplace (Cambridge: Open Book Publishers, 2012), pp. 33–53.

称呼）的边界。①

与此形成对比的是，盛京与吉林之间，并不存在一条特别清楚的边界。而清朝与朝鲜的边界虽然清楚，却并没有像柳条边那样守备森严。出于"封禁"的需要以及边境"瓯脱"政策，清政府在柳条边和鸭绿江之间，并没有设置兵丁驻防，更不用说民事管理机构。特别典型的证据是，当朝鲜的燕行使者通过辽东去北京，他们自鸭绿江渡江之后，要一直北行近百里，抵达凤凰城边门之时，才会受到清朝官员的接待。也就是说，从国家确定的边界，到有人值守的边关，有一段非常宽阔的空旷地带。当然，清朝也有巡防边界的兵丁，但人数不多，远不足以严密守备整个边境地区。

从清代早期到中期，居住在清朝—朝鲜边界以北、宁古塔地区的，主要是八旗兵丁及其家属。并不是所有八旗人口都从事军事征战，不少驻防八旗单位负责采集当地物产，如东珠、蜂蜜、貂皮等。直到 19 世纪中期之前，民人定居者都不多。② 因为地处偏远，气候苦寒，宁古塔是清代流放之地，不少出身南方的犯人被发流至此。比如 1657 年，江苏儒士吴兆骞因科场冤狱流配宁古塔，家人随迁。其子吴桭臣后来撰写了著名的《宁古塔纪略》，言"当我父初到时，其地寒苦"：

> 自春初至三月终，日夜大风，如雷鸣电激，尘埃蔽天，咫尺皆迷。七月中有白鹅飞下，便不能复飞起，不数日，即有浓霜。八月中即下大雪，九月中河尽冻，十月地裂盈尺，雪才到地即成坚冰，虽白日照灼不消。初至者必三袭裘，久居即重裘可御寒矣。至三月，冻始解，草木尚未萌芽。③

儒士从温润的江南迁居至此，感受到的是吉林与南方气候的巨大反差。严酷的环境加上封禁政策，使得吉林边地在经济、社会、文化等方

---

① J. B. Du Halde, *A Geographical, Historical, Chronological, Political, and Physical Description of the Empire of China and of Chinese Tartary* (London: J. Watts, 1741).

② 富尔丹：《宁古塔地方乡土志》，任国绪编《宦海伏波大事记》，黑龙江人民出版社，1994，第 801 页。

③ 吴桭臣：《宁古塔纪略》，上海古籍出版社，1999。

面成为与中心相对立的边缘。但是同时，这片边疆又在政治和礼仪上被塑造成满人神圣的故乡。清代文献中不乏这种形象，地方志书（如萨英额《吉林外记》）总是提及，吉林风俗"性直朴""习礼让""尚勤俭"，旗人"以国语骑射为先"。① 总之，吉林代表了最为理想的满人特质，当地风尚构成满人身份的内核，因此必须小心呵护，以防被外来移民"污染"。

朝鲜王朝北部边疆：被歧视的边缘地带

边界以南为朝鲜王朝北方两道：西北的平安道与东北的咸镜道。朝鲜王朝的北部领土在很大程度上，与清代盛京地域类似。首先，朝鲜王廷也将其北部边疆视为祖宗圣地。在世宗时期，几位著名文臣曾编有长诗《龙飞御天歌》，以构建王朝历史，其中一句写道："今我始祖，庆兴是宅，庆兴是宅，肇开鸿业。"此句讲的是，李成桂的高祖父李安社，曾仕于元朝，在斡东地方（孔州）起家。此斡东地方即后来咸镜道庆兴一带。到了18世纪英祖时期，回溯这段史实亦成为朝鲜王朝祭祀长白山（朝鲜方面称白头山）、构筑其崇拜的起源。② 其次，北方两道与清代吉林以界江相隔，气候环境几乎一致。著名学者洪良浩（1724～1802）曾在《北塞记略》中记录咸镜道生活状况，下引一段，读起来与吴桭臣所描述的宁古塔气候几乎没有什么差别：

> 孔州极北不毛之地也。三月无花，八月见雪，衣无纩絮，食惟黍粟。而地踔远人民希，瘠土无积聚，大与中国之上郡北地俗相类，久为女真野人之所据，多有北鄙之风……地苦寒多风，土瘠谷贵，地广人少，村无百斛之富，专仰官橐，计口受粮，罕食粟饭，以稷耳麦为糜粥……③

在平安道，情况也类似。尽管平安道开发更早，但其经济发展也仅

---

① 萨英额：《吉林外记》，卷八，"风俗"。
② N. Song, "Imagined Territory: Paektusan in Late Chosŏn Maps and Writings," *Studies in the History of Gardens and Designed Landscapes* 2（2017）：157–173. doi：10.1080/1460 1176.2016.1177298.
③ 洪良浩：《北塞记略》，《白山学报》（韩国），1976年第21号。

略好于咸镜道而已。汉城的两班士人视"北道"为全国最贫穷的地区。① 在进入现代工业时代之前，朝鲜半岛是一个农业社会，生活方式与价值体系主要围绕农业生产而来。最为富饶的土地是可耕种稻米的"水田"，其次是可耕种小麦及小米的"旱田"。最为劣质的土地，则是"火田"，即每隔几年需放火烧荒而得耕作的土地。通过晚期朝鲜时代的统计得知，在最富裕的省份全罗道，水田的数量为旱田的两倍。在其他南方省份，水、旱田比例或者大致均等（如庆尚道和忠清道），或者水田亩数占旱田的一半以上（如京畿道和江原道）。只有在北方道，水田数量大大降低。尽管咸镜道和平安道的总面积占全国的三分之一以上，可两道的耕地面积仅占全国的18.7%。② 其中还有很大一部分是耕种条件最差的火田。所以洪良浩说此地"瘠土无积聚"。

虽说环境状况类似，但朝鲜政府对北道的政策与清政府有所不同，最显著的差异是：朝鲜持续鼓励民人移住到北方边地。从1648年到1864年，咸镜道人口增长了十倍，③ 平安道人口在同时期也增长了六倍。④ 而在全国范围内，1864年的人口只比1648年增长两倍而已。在1648年，平安、咸镜两道人口还只占全国总人口的14%，而1864年已占到33%。可见，北方两道的人口增长明显高于全国平均水平，这肯定不全是自然增加的结果。实际上，北方人口激增，除自然因素外，很大程度上是国内移民和强制迁移而导致的。两道地处国防第一线，原本人口稀薄，急需填充人数以固边陲。为此朝鲜王廷采取了多种手段，或者诱以低税收、提高社会品级，或者将南方省份的犯人及其家属流配此地——但是，本地犯人则并不流配南方，只在两道之间流放。此外，从17世纪末开始，咸镜道民从汉阳等地招引人口至咸镜道的情况频繁发生，北道人口买卖引发了很大的社会问题。朝鲜后期农民流散，其中也

---

① 在朝鲜王朝时代，所谓北道有时也包括黄海道。

② N. Kwon, "Chosŏn-Qing Relations and the Society of P'yŏngan Province during the Late Chosŏn Period," in *The Northern Region of Korea: History, Identity, and Culture*, ed. S. J. Kim (Seattle: University of Washington Press, 2010), pp. 37-61.

③ N. Song, *Making Borders in Modern East Asia: The Tumen River Demarcation, 1881-1919* (Cambridge: Cambridge University Press, 2018), p. 27.

④ J. K. Kim, *Marginality and Subversion in Korea: The Hong Kyŏngnae Rebellion of 1812* (Seattle: University of Washington Press, 2007), p. 208.

有很大一部分移入西北未开发之地。①

在朝鲜时代，虽然北方两道的农业生产得到很大发展，可是食物供给仍然不能满足人口的快速增长。这部分解释了为什么北方两道的普通农民常常陷入赤贫。除此之外，造成贫穷的原因，还有当地农民所负担的沉重劳役和"还谷制度"下的高利贷。

但是，北方两道还不只是在经济上被边缘化，更是在社会和政治上被边缘化。韩裔美国学者金善朱（Sun Joo Kim）在她的著作中曾详尽列举了平安道精英在朝鲜王朝晚期遭受的系统性歧视。她的研究表明，除朝鲜史学者较为熟悉的阶层分化之外，朝鲜社会还存在严重的地域歧视。比如，南方强人如果被强行迁入北方，则失去了其权力基础。出身于平安道的儒生即使通过科举考试，也很少能被提拔至高位。甚至平安道的两班阶层（朝鲜王朝时代最高阶级）来到首都汉城，有时竟会遭受本地仆佣的羞辱。②

而歧视的最重要根源之一，就是北方边疆原为女真/满人"蛮夷"世居之地，犯人流放场所，为主流社会所鄙视。在南方人看来，平安、咸镜两道居民要么是女真遗种、藩胡混血，要么是罪犯或者下里巴人。③ 在皇太极两次入侵之后，朝鲜被迫认清朝为上国。但在精英士人的内心深处，对"北胡"深怀恨意，认定明亡之后只有朝鲜才真正继承了儒家理学大统。这样一种心态，也导致他们对居住于北部边境的人有强烈的地域、文化甚至种族偏见。比如上述洪良浩所言"大与中国之上郡北地俗相类，久为女真野人之所据，多有北鄙之风"。他还指出，当地人"俗尚骑射少业文"，这点亦让人想起《吉林外记》中所记载的宁古塔风俗，只是崇尚骑射在理学本位的朝鲜社会并不得到尊重。《北路纪略》还提到当地的所谓"僧侣"，说"僧皆在家，娶妻生子，食肉饮酒，谓之在家僧，世袭为僧，婚嫁不与平民相通。或曰在家僧，唯西北边境有之"。为什么只有西北边境才有这种现象呢？它给出的理由是："藩胡所住近处也，此无乃濡染其俗于初，至今未之变耶。但以剃发而

---

① 高丞嬉：《조선후기 함경도 상업연구》，국학자료원，2003，第44~46页。
② J. K. Kim, *Marginality and Subversion*。
③ 同上书，208页。

居我境，故谓之僧耳。"① 从根本上视之为另类。同书在介绍当地习俗之时，也充满异域描绘：

> 男子无冬夏惟一狗皮衣，妇人四时百结败布以掩体，不袜不袴，天气稍寒则缩入土室，对灶暖身，消雪代汲。②

总而言之，清、朝边界线两边的社会，都是自然环境恶劣、生存条件艰苦。在朝鲜方面，土地因为过度耕种而更为贫瘠，居民也饱受歧视。与此相比，清朝方面的土地因为封禁政策而更为肥沃，自然资源丰富，但国家垄断对当地资源的开发。边界两边自然禀赋的不平衡，不可避免地导致非法越境、走私猖獗。两国政府都致力于打击越边行为，只不过，同样的政策，却未必出于相同的政治考虑。

纯化边地：规训与惩罚

清、朝的边境地带既是缓冲区也是交汇区。对两边的边民社会而言，政府主导的边市贸易对生产生活都极为重要。从 17 世纪后期到 19 世纪后期，清、朝开设了三处边市，其中两处位于图们江沿岸，一处位于鸭绿江沿岸。由于朝鲜北方两道货币稀少，贸易多是以物易物，或以布品为中介。朝鲜人出售牛只、食盐、铁犁等，以换取满人提供的马匹、布料和各种日用物资。这类跨境贸易开始主要是为了获取生活所需，并不以获取利润为目的。两国官府规定边市的开市时间，并严格禁止高利润商品（如人参）的交易。越境偷垦、伐木、捕猎、走私，一经发现则将严惩。

清政府所最顾虑者，是移民非法潜入满洲腹地采捕耕垦，将威胁满人故地淳朴的自然状态。但似乎移民从未中断过。《柳边纪略》将这些冒死越边人称为"走山者"："凡走山者，山东西人居多，大率皆偷采者也。每岁三、四月间，趋之若鹜，至九、十月闲乃尽归。其死于饥寒不得归者，盖不知凡几矣。而走山者日益多，岁不下万余人。"③ 而朝鲜政府

---

① 《北路纪略》，第 406 页。
② 同上书，第 403 页。
③ 杨宾：《柳边纪略五卷》，卷三，第 7 页。

所最顾虑者，是朝鲜人与清人相往来，将对国境安全造成隐患。因此，朝鲜王廷坚持隔离政策，防止边民之间的非必要接触。两国政策背后透露出相似的含义，即民人间的频繁来往——不论是旗人与民人之间，还是清人与朝人之间——都会导致风俗相混，乃至"我族"性格丧失。

康熙五十三年（1714），朝鲜咸镜道庆源府训戎镇的地方官报告，说"本年春夏以来，上国人就守护近处"建造草舍，其地距离庆源江岸大约二里，或许是为打猎歇息而临时搭建的。尽管此举并不违反任何边禁，朝鲜方面还是请求清朝官员将草舍拆除。理由是："小邦迤北地方，与上国连疆，只隔一揭厉水为之分界"，江北空旷无人，"奸民犹或冒禁挽越。"何况如果在近边之地"开荒作舍，垦田治道，两处人烟相接，鸡犬相闻，江冰一合尤无限隔，彼此人民易致混藏……岁久奸滋，弊起于耳目之外，患生于丝发之微，日后之虑，将何所不至乎！"在报告中，朝鲜官员还感恩清朝在鸭绿江对岸的凤凰城栅门外设置荒地，不许民人居住，使两处边民"不相混杂"，所以边疆安稳无事，"慎固封疆"。清政府答应了朝方的请求，礼部回咨，命宁古塔将军拆除房屋窝铺，"嗣后在沿江近处盖房种地者，严行禁止，令该管官员不时严查，如违禁仍在沿江近处盖房种地，或被朝鲜国又报江近处盖房种地到部者，将该管官员一并题参，交于该部官员议处，兵人治罪"。①此案遂成前例，为两国维持缓冲地域现状的模板。

到了1720年代，鸭绿江边界出现较为严重的安全压力。由于地下贸易猖獗，多达数百名偷采者与黑市商人，时常在江上聚众走私。这些人多来自山东和山西，他们搜罗了大量武器，并几十艘船只，不但抗拒官军搜捕，有一次还绑架了几位朝鲜的把守兵索要赎金。最终，清政府派出三百余官军，在朝鲜军队的配合下，在雍正十一年（1733）将这一偷采团伙剿灭。其领头者被处死，从者流放，清朝边界官员被免职。②

但是军事征讨很难清除越柳条边而来，并与当地朝鲜人相勾结的流民，为此，从18世纪30年代开始，清朝官员不断奏请在靠近中江边市

---

① 《同文汇考》"肃宗四十年甲午撤毁训戎越边房屋事"，《间岛—西北边境归属问题关系史料拔萃》，《白山学报》1973年第14号，第242~244页。

② 李花子：《清代中朝围绕关内流民在鸭绿江地区活动的交涉》，《登州港与中韩交流国际学术讨论会论文集》，山东大学出版社，2005。

（鸭绿江）的地方，增设哨所。盛京将军那苏图是最早提出此建议的人。1731 年，他上疏请在莽牛哨设立水师汛地，因为此地常为私商渡江之所。① 由于该地毗邻朝鲜边境，雍正皇帝并未专断，而是先征询朝鲜方面的意见。朝鲜政府担心此举将招致清军驻扎边境，故以兵丁"许久驻扎于至近之地，则窝铺之相邻，舟楫之相通，虑无所不至"为由，反对设立莽牛哨。在咨文中，朝方还以 1714 年训戎案为例，主张"一遵旧例，俾绝小邦边民犯科作奸之弊"。雍正同意了朝鲜方面的请求。

但是，借莽牛哨渡江走私的案件并未停止，反而日益猖獗。于是在乾隆十一年（1746），盛京将军达尔党阿再度提起设水师汛地之议。此次，达尔党阿明确指出，莽牛哨位于清朝境内，与朝鲜"既有一江之隔，各相严禁，彼此实不想通"，并不会妨碍朝鲜的隔绝政策。他还提出一项新举措：在凤凰城的官兵开垦沿边荒地，并在边门附近盖草屋200 间，以支持莽牛哨官兵生计。而如果不添设官兵，"则经年累岁，觅利之徒渐多，倘与该国界内居民互相串通，侵扰该国疆界，将至滋事不已"。达尔党阿在奏折中还说："倘有不法之徒，即行拿解盛京刑部治罪。"② 这说明盛京将军意图防范的对象，主要是偷越柳条边的清朝"奸民"，而并不是偷越界江的朝鲜边民。因为根据前例，凡朝鲜越境者被抓获，清朝一般将他们解送朝鲜当局审判。但是朝鲜政府再度表示强烈反对。由于情报误判，朝方认为清朝试图借此将柳条边延展至鸭绿江畔。如此一来，等于"门外他人筑垣"，则保证朝鲜国境安全的缓冲地将不复存在。③ 朝鲜国王李昑上奏礼部，重申设置莽牛哨会导致"潜越益滋，奸弊百出"，并再度以训戎案为例，请求乾隆帝停止设汛。乾隆帝尽管一开始对朝鲜的态度多有不满，但最终还是同意李昑所请，下令停止设汛之事。

我们不能将清政府方面的妥协，看作（前现代）国家对线性"边界"与带状"边疆"的混淆。相反，清廷同意维持边境现状，恰恰是

---

① S. Kim, *Ginseng and Borderland: Territorial Boundaries and Political Relations between Qing China and Choson Korea, 1636-1912* (Berkeley: University of California Press, 2017).

② 《同文汇考》"英宗二十二年丙寅寝栅外添兵屯田事"，《间岛—西北边境归属问题关系史料拔萃》，《白山学报》1973 年第 14 号 第 251 页。

③ 李花子：《清朝与朝鲜关系史研究》，第 146 页。

因为边界本身是清晰的、无可争议的。尽管朝鲜在宗藩次序中是忠实的属国，作为上国的清朝（或者至少是 18 世纪清朝中央政府），更倾向于一种"柔性"的边疆政策以"字小"，而非固守边防的"刚性"政策。尽管地方官员呼吁加强边疆的军事存在，这种呼吁也更多是向内的、针对内地"奸民"的，而非向外针对朝鲜人的。而在朝鲜方面，国王屡次要求维持缓冲地带，也不是为了模糊边界，而是将"蛮夷"推至远方，使朝鲜边民不与之混杂。两国在外交辞令中，都确认两江就是边界，这点并无异议。在 18 世纪双边关系整体稳定平和的情况下，朝鲜方面的请求，与其说反映了朝方的安全焦虑，不如说反映了其进一步区隔"文明世界"与"非文明世界"的企图。换句话说，对于清、朝双方而言，界江附近人烟稀少的"缓冲地"的形成，是人为的政治产物而非自然产物，是地缘意识形态产物而非地理环境产物。在早期近代的东亚，线性边界的观念当然是存在的，17 世纪至 19 世纪中朝之间无数围绕非法越边的诉讼证明了这一点。其中很多案件，两国政府将偷越者处以极刑。而与此同时，确认线性边界并不与保持带状的"瓯脱"缓冲地相矛盾，这两种性质的边疆空间相互交叠，并且相互支持。直到 1880 年代，当清朝开始转变封禁政策，逐渐开放东北边地，带状的缓冲地才最终消失了。

结　语

现在，让我们回到本文开头介绍的金时宗案，来看看他究竟为什么必须被处死。前面提到，清朝礼部屡次降低金时宗等人的刑罚，最后赦免其死罪，以显示"上国字小"之德。朝鲜君臣在最初接到咨文之时，就曾有过一番讨论。比如在 1742 年 2 月，英祖问计："彼缓之（按：即清朝礼部建议缓刑），而吾何杀之乎？"大臣们则众口一词认为当杀。左议政赵显命提出的理由是，这不是一般的越境案件，因为金时宗等人竟然削发为胡，这绝不可容忍："此汉得生，则国何以为国乎？"他还补充说："既曰往彼地居生，则虽以好生之德，决难贷矣。"领议政金在鲁表示同意："他人虽或生之，时宗则必可杀矣……彼国则渠以为恩，而我国则不以为畏，诚切痛矣。"英祖最终也表示赞同，并且说："以彼国为贵，则北走胡、南走越，可虑矣。"他所担忧的是，一旦金时宗可以被宽恕，则朝鲜人纷纷出走"彼国"，这是国之大忌。于是，杀死金时宗的决定便通过了，只不过没有按惯例斩首示众而已。[1]

无论如何，这也算是一种"从缓"。金时宗必须死，并不仅仅因为他非法越界，还因为他竟然主动放弃朝鲜身份，乔装成蛮夷胡种，甘于自我野蛮化——正如金在鲁几个月后再度讨论此案时所说："时宗等越入彼地，仍留居生，削发变服，便作胡人，此与寻常犯越尤异，虽拘于彼令，不得行法，亦不可不打杀之。"[2] 在朝鲜君臣看来，"便作胡人"是比"寻常犯越"更大的罪，不可饶恕。可怜籍籍无名的金时宗，因"贫不资生"而出走，又因"削发变服"丢了性命。

清朝朝鲜边境的缓冲地带形成于 17 世纪，两国正式建立宗藩关系之后。但是，此边境的功能超过了军事防卫。在此后的 200 多年中，清朝与朝鲜各自施行不同政策，以管控朝向东北部和北部边疆的人口流动。本文强调，对此政策的理解，必须结合两国内政与外交的双重考虑。在国防战略之外，两国内部对于维系"满人"与"朝鲜人"身份的焦虑，也在很大程度上塑造了边地的空间形态。因此清、朝边境地带构成一种"双重缓冲"空间，不但抵御着外在的他者，同时抵御着内在的他者——所谓内在的他者，在清朝是试图搅扰满洲"存储地"的移民，在朝鲜是试图与清人"混杂"的朝鲜边民。

而鸭绿、图们两江的边境空间，也在很多方面挑战了对于"前民族国家"边境的传统印象。首先，国家间边界可以同时是线性和带状的。其次，这一边境地带既是遥远的边疆，又是王朝的神圣故土。既是政治和礼仪上的中心，又是经济、社会和文化上的边缘。最后，这块看上去空旷少人、未经开发的缓冲空间，并不像 20 世纪一些殖民国际法学者所定义的，是一块"无主之地"。它的空置状态，并不是因为没有国家统治，而恰恰相反，是国家刻意为之的结果。[3] 从这个角度说，此边境

---

① 《承政院日记》，英祖十八年一月二十日。

② 《承政院日记》，英祖十八年六月三十日。

③ N. Song, "The Journey towards 'No Man's Land': Interpreting China-Korean Borderland in Imperial and Colonial Contexts," *The Journal of Asian Studies* 4（2017）: 1035 – 57. doi: 10.1017/S002191181700078X.

空间展现的复杂而微妙的性质，促使我们重新思考早期现代语境中，边界、边疆与国家的多重意义。

Why Must Kim Si-jong Die?
Rethinking the Spatial Nature of the Qing-Chosŏn Borderland

Abstract: As a social institution, a border simultaneously divides and connects. When thinking about state borders, or borderlands, scholars tend to view them as either linear or zonal spaces, distinguishing as well as linking one state with another. My article argues for an alternative interpretation and explores the geopolitical and cultural meanings of a historical border region from both domestic and inter-state perspectives. The border of China and Korea along the Yalu and the Tumen Rivers, is arguably one of the oldest state boundaries that is still effective today. The history of the border river region as a "buffer space" can be traced back to the seventeenth century when Qing China and Chosŏn Korea established the border along their northern frontiers. However, the geopolitical function of this border went beyond considerations of defense or communications. From the mid-seventeenth century to the mid-nineteenth century, both the Manchu-Qing court and the Chosŏn court implemented strict laws to control domestic population flows to their northeastern and northern frontiers. Such policies, I argue, must be understood in the context of domestic politics in the two courts. Internal anxiety over preserving Manchu and Korean identity, coupled with a strategy to control the border against an external power, contributed to the making of this borderland. Hence, the Qing-Chosŏn border region served as a "dual buffer". Employing historical records and local gazettes in the two countries, my article reveals a subtler layer of borderland from a case study in early modern East Asia.

Keywords: Qing China; Chosŏn Korea; Yalu River; Tumen River; Borderland

帝国主义问题与西方左翼的历史转向[*]

许　准[**]

摘要： 帝国主义问题在最近几十乀淡出了西方左翼思想界的视野，这无疑是思想史上一个巨大变化。尽管大量西方左翼知识分子在国内政策上仍然保持批判立场，但是在国际问题上，尤其是在中国问题上，往往与西方帝国主义势力保持默契。这种新思路表现为一方面否定现有的帝国主义秩序的存在，另一方面否定马列主义的革命指导意义。本文从马克思主义思想史和资本主义发展史的角度分析当代西方左翼的这种历史转向的思想和物质基础，并以罗伯特·布伦纳、大卫·哈维等知名左翼理论家为例分析这种转向的政治后果，指出这种变化实际上代表着第二国际政治路线在西方左翼主流中的回归。

关键词： 帝国主义　马列主义　第二国际

从 21 世纪开端以来，随着中国在世界经济中的地位不断提高，以及西方发达经济体普遍陷入长期停滞，西方上层整体对华的态度发生了深刻的变化，对华的打压和霸权行为越来越频繁。这在特朗普政府时期达到了一个高潮，美国前国务卿彭佩奥在 2020 年于尼克松图书馆的演

---

* 此文改写自 "The Ideology of Late Imperialism：The Return of the Geopolitics of the Second International"，发表于《每月评论》2021 年 3 月刊，中文精简版曾刊于《中国社会科学内部文稿》，此处对英文稿做了一定的补充和调整。

** 许准，美国纽约城市大学经济学副教授。

说从美国外交政策的角度总结了这种变化。① 在这场演说中，彭佩奥表示尼克松总统以来对华政策不够强硬，而指望中国会在与西方加强联系后自己转变（即"和平演变"）；彭佩奥随即总结道，过去几十年历史表明这个做法行不通，而是需要采取一种不同的强硬思路。尽管特朗普和彭佩奥现在下台了，但是新上台的拜登政府在相关问题上已经表现了萧规曹随的意思。

值得注意的是，有相当一批西方左翼知识分子，尽管在不少问题上对西方政府持批判立场，但是在对华问题上却跟其政府保持了相当程度的默契，有些在美帝霸权行径问题上号称中立，更有些直接支持对华的帝国主义制裁行动。② 这样的政治氛围，使得西方尤其是美国上层实现了在对华政策上传统保守派和自由派以及新兴左翼势力的跨党派团结。可以说，这个局面是新中国成立以来没有出现过的。

从思想史的角度来说，这种左翼的新政治面貌也是耐人寻味的。20世纪历史的一条主线是国家要独立，民族要解放。从苏俄革命、中国革命，以及二战后第三世界国家纷纷获得独立，是否反帝国主义，尤其是否反美帝国主义是一个判断世界知识分子是否进步的硬标准。考虑到在二战后西方左翼曾经普遍参与反战和反帝国主义斗争，很多人也对新中国抱有同情态度，当代的西方左翼无疑已经经历了巨大的思想转变，从反帝的立场上大幅度后退了。

是什么导致了这样的剧烈变化？一个可观察到的现象是，在20世纪70年代以后，西方学术界，包括左翼学术界，对帝国主义问题的兴趣就已经明显衰退了。印度著名经济学家帕特奈克在1974年离开西方学术界回到印度任教，他在1990年回到西方访问时，非常惊讶地发现，在他离开的时候，帝国主义问题是西方左翼知识分子的中心议题，然而

---

① 彭佩奥（Michael Pompeo），"Communist China and the Free World's Future," https://www.state.gov/communist-china-and-the-free-worlds-future/，2021 年 1 月 1 日。

② 比如，美国近来颇有影响的民主社会主义党就在其网站上发出了"既不要华盛顿，也不要北京"的貌似中立其实投机的口号，见 Ashley Smith and Kevin Lin，"Neither Washington Nor Beijing：Socialists，Inter-Imperial Rivalry，and Hong Kong," https://socialistforum.dsausa.org/issues/winter-2020/neither-washington-nor-beijing-socialists-inter-imperial-rivalry-and-hong-kong/，2021 年 1 月 1 日。

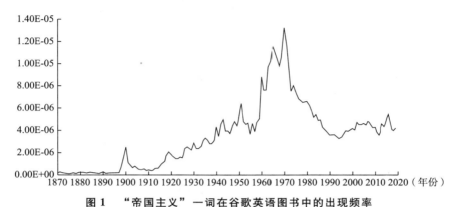

图 1　"帝国主义"一词在谷歌英语图书中的出现频率

数据来源：Google Books Ngram Viewer, https：//books. google. com/ngrams。

仅仅十几年后，西方左翼已经基本不讨论帝国主义问题了。[①] 他非常担忧这个趋势，认为帝国主义议题的消失并不意味着帝国主义的消失，反而可能正是帝国主义对全世界统治加强的结果。帕特奈克敏锐地把握到了西方知识界的转变，实际上，利用谷歌图书扫描计划的庞大英文图书数据，我们可以简单地描绘出"帝国主义"一词在英语图书中的出现频率，结果如图 1 所示。从 1974 年到 1990 年，"帝国主义"一词的出现频率下降了 50% 以上。甚至在东欧剧变、苏联解体，世界社会主义事业遭到重大挫折之前，西方左翼乃至整个知识界的转变就已经在进行中了。

　　在列宁的时代，帝国主义问题实际上涉及两个方面：一个是横向的，即帝国主义势力围绕瓜分世界产生的竞争和战争；第二个是纵向的，即帝国主义和广大殖民地半殖民地以及其他依附性地区的关系。在二战后，主要帝国主义势力至今没有开启新的世界战争，帝国主义问题的重心很自然地就演变为帝国主义集团和第三世界的关系。其中，毛泽东对于半殖民地半封建社会的革命分析，以及后来"三个世界"的观点，深刻地影响了西方左翼的理论探索。从 20 世纪 50 年代开始，随着美国马克思主义经济学家巴兰的《增长的政治经济学》出版，西方进步学者纷纷开始探究帝国主义如何导致了第三世界的不发展的问题，产

　　①　　Prabhat Patnaik，"Whatever Happened to Imperialism？" *Monthly Review* 6（1990）：1-7.

生了一批开创性的成果。比如著名的萨米尔·阿明、弗兰克以及沃勒斯坦等，从不同的视角分析了世界资本主义的发展和等级，尤其是全球劳动分工以及外围国家向中心国家的剩余转移（不平等交换和剪刀差等）如何在同时产生了某些国家的发展和大部分国家的不发展。①

在这个思想背景下，帝国主义问题却迅速淡出思想界，是值得仔细探究的。这绝不单纯是某种研究方法或者兴趣的转变，而是反映了总的意识形态的转向。这里涉及西方左翼对马列主义的整体否定，也跟西方左翼的机会主义政治的长期政治经济基础有关系。本文认为，要回答这个问题，我们需要从西方左翼阵营内对帝国主义研究的理论分析变化，以及整个国际共产主义运动的历史入手。

西方左翼对帝国主义问题的消解

在 70 年代，开始有西方左翼学者从不同于传统马列主义的角度来探究帝国主义问题。对于这些学者来说，正统的马列主义对帝国主义的理解有严重偏差，帝国主义的害处被高估了，而其对第三世界的益处则被低估了。这里面一位重要的代表人物是比尔·沃伦。沃伦一度是英国共产党党员，后来脱党。他在 1973 年于西方左翼重要刊物《新左派评论》上发表了一篇题为《帝国主义与资本主义工业化》的重磅文章。②

这篇文章列举了从二战结束到 70 年代初的部分统计数据，以此来说明，既然第三世界整体出现了工业化的趋势，而且帝国主义集团和第三世界的差距在缩小，那么这说明资本主义扩张以及帝国主义并没有对第三世界的工业化和发展产生阻碍。尽管沃伦仍然承认帝国主义的存在，但是他同时也认为列宁关于帝国主义的一般理论在理论上有误解，在历史论据上是不准确的。

---

① 有关的一批著作包括 Andre Gunder Frank, *The Development of Underdevelopment* (New York: Monthly Review Press, 1966); Harry Magdoff, *The Age of Imperialism: The Economics of US Foreign Policy* (New York: Monthly Review Press, 1969); Arghiri Emmanuel, *Unequal Exchange: A Study of the Imperialism of Trade* (New York: Monthly Review Press, 1972); Samir Amīn, *Accumulation on A World Scale: A Critique of the Theory of Underdevelopment* (New York: Monthly Review Press, 1974); Immanuel Wallerstein, *The Capitalist World-Economy* (New York: Cambridge University Press, 1979)。

② Bill Warren, "Imperialism and Capitalist Industrialization," *New Left Review* I/81 (Sept/Oct 1973): 3-44.

　　沃伦的统计结果，实际上一方面反映了二战后，新独立的第三世界国家纷纷推动国家主导的工业化政策，另一方面则是在其中混杂了西方扶持的傀儡经济体。但是沃伦不仅要指出二战后的世界范围的工业化繁荣景象，还要论证第三世界正在进行独立自主的全面工业化，而西方的优势正在褪色，也就是帝国主义自己会消灭自己。他进一步想要论证，哪怕第三世界国家创造出来的价值的确通过不平等交换被转移到中心国家，但这从长期来看也问题不大，因为这只是第三世界购买和建设自己的生产设备时期的一个短期费用。

　　针对沃伦的分析，1974 年，经济学家伊曼纽尔同样在《新左派评论》上列举统计数据给予了回应。[①] 他认为沃伦忽视了富国和穷国在工业化和农业机械化方面的巨大差距，并指出帝国主义不会自己走掉，而是需要非帝国主义国家的工人阶级来消灭。在同一期上，麦克迈克尔等三位学者不仅指出第三世界独立自主工业化的证据缺乏，而且预见到了即将到来的席卷穷国的外债危机。[②] 三位学者总结道，总体上说，第三世界只在一部分国家里产生了工业化，而且是只服务于一小部分人口的依附性的工业化，这个格局的产生只能放在帝国主义的历史和当下的语境中去理解。

　　从半个世纪之后的今天回头看，沃伦的帝国主义消亡论无疑是严重偏离实际情况的。图 2 展示了用 2010 年不变美元衡量的世界范围内 1960 年和 2015 年的人均国内生产总值对比。可以看出，世界经济中的等级是持久的。1960 年是富国的到了 2015 年仍然是富国，而当年的穷国在过了 50 多年后基本也还停留在原来的相对位置上。根据图 2 中的数据，最富裕的 20 个国家的人均国内生产总值在 1960 年是最穷的 20 个国家的约 30 倍，而到了 2015 年，这个比例已经变成了 100 多倍。

　　尽管沃伦的论断并不科学，但还是对消解帝国主义问题产生了显著的推动作用。一方面，如果帝国主义已经不再发挥（破坏性）作用，那么第三世界的经济不发展就成了其自身的问题。沿着这个路径思考，

①　Arghiri Emmanuel, "Myths of Development versus Myths of Underdevelopment," *New Left Review* I/85 (May/June 1974): 61–82.

②　Philip McMichael, James Petras, and Robert Rhodes, "Imperialism and the Contradictions of Development," *New Left Review* I/85 (May/June 1974): 83–104.

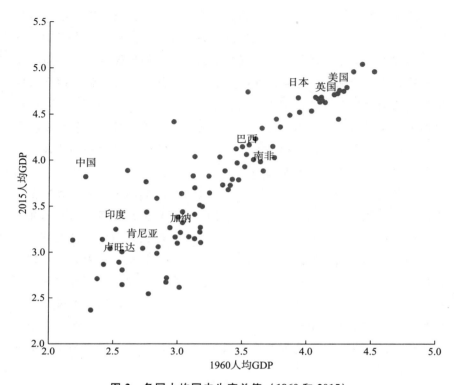

图 2 各国人均国内生产总值（1960 和 2015）

数据来源：世界银行，databank.worldbank.org。

说明：人均国内生产总值是根据 2010 年不变美元衡量的，并取了对数值。

第三世界与其反帝国主义，不如反思自己的所谓落后的制度/文化或者腐败问题。另一方面，第三世界曾经在世界反帝反殖民以及社会主义运动中发挥了中心作用，从左翼的视角来看，第三世界是老师，而富裕国家则是学生。但是在沃伦式的分析里面，外围国家和中心国家的发展是独立的，第三世界不是进步的前沿，而是需要援助，需要学习西方的学生。这种西方中心主义的视角一度在西方左翼里面处于边缘地位，但是在 70 年代早期开始正式亮相。

如果说沃伦开了头，那么历史学家罗伯特·布伦纳则把这种西方中心主义的视角推到了西方左翼主流的位置。这里面标志性的论述就是布伦纳于 1977 年在《新左派评论》上发表的题为《资本主义发展的起源：一个对新斯密主义马克思主义的批判》的论战性长文。①

　　布伦纳的文章首先从欧洲从封建社会到资本主义社会转型的历史入手。在 20 世纪 50 年代早期，一批著名的马克思主义学者，包括英国经济学家莫里斯·多布、美国经济学家保罗·斯威奇，以及其他一批史学家针对这个转型撰写了一系列重要讨论，都发表在马克思主义刊物《科学与社会》上面。多布和斯威奇虽然都同意欧洲封建社会的内因（阶级冲突）和外因（贸易／劳动分工和城镇兴起）决定性地推动了西欧向资本主义转型，但是他们在哪个因素更为重要的问题上出现了分歧。②多布着重于内部的阶级关系，比如领主和农奴之间的矛盾和农奴的逃亡使得旧的生产关系无以为继，而斯威奇认为欧洲转型的主要动力来自原本长期停滞的欧洲封建社会之外，即远距离贸易和新兴城镇使得新的生产关系有了发展的可能。在当时社会主义阵营蓬勃发展，资本主义阵营面临巨大压力的情况下，马克思主义学者们在资本主义中心美国讨论社会转型的历史问题，兼具学术和政治的意味，影响深远。与这场争论相关联的是，斯威奇创办的著名的《每月评论》杂志，正是在资本主义发展上特别着重于帝国主义和殖民主义（外因），基本上引领了西方左翼在二战后的反帝国主义研究和对第三世界的关注。

　　布伦纳文章的主要论战对手正是斯威奇及弗兰克和沃勒斯坦等研究世界体系和帝国主义的学者。布伦纳完全拒绝了贸易／劳动分工和城镇兴起在资本主义转型中的作用，这一点不仅不同于斯威奇的观点，也不同于在原来讨论中的另一方多布的观点。布伦纳认为，贸易本身无法改变生产关系，因为在封建生产关系下，封建主本身不会在意效率、竞争、剩余最大化等问题，也谈不上贸易推动新的生产关系萌芽，所以只有农村生产关系先发生变化之后，才能使得贸易等因素推动资本主义转型。他根据这个逻辑表示，斯威奇、弗兰克和沃勒斯坦在讨论劳动分工和贸易作用的时候，都隐含地预设了资本主义生产关系的存在以及资本主义关系下（最大化）行为的存在，那么就是跳过了资本主义转型问

---

①　Robert Brenner, "The Origins of Capitalist Development: A Critique of Neo-Smithian Marxism," *New Left Review* I/104 (July/Aug 1977): 25-92.

②　Paul Sweezy and Maurice Dobb, "The Transition from Feudalism to Capitalism," *Science and Society* 2 (1950): 134-167.

题本身。他把这种强调贸易和劳动分工的思路称为"新斯密主义"的马克思主义，即认为这些学者延续的是亚当·斯密的传统，而不是马克思的传统。这个贬义标签本身就有要以马克思主义正统来清理门户的意图。

在本文看来，布伦纳的文章至少有三个严重的问题。第一，布伦纳指责斯威奇、沃勒斯坦等跳过了资本主义转型本身，但是布伦纳却用机械的逻辑抹去了转型的存在。在他的论述中，封建主不可能产生资产阶级的利润动机，只有资产阶级才可能有利润动机。这种机械的二分法意味着从封建到资本主义的转型必须是突变的，然而这个说法不仅违反辩证法，也跟历史事实相差甚远。斯威奇和多布讨论的基础是欧洲从封建衰落到资本主义农业兴起之间有两个世纪的时间，而布伦纳则无视了这个事实。地理学家布罗特曾经评价道，布伦纳对资本主义有一种神秘化的理解，他认为资本主义一出现就是完整的彻底的，就好像是从奥林匹斯山下来统治人类的神仙一样。①

第二，布伦纳所依据的关键史实是错误的。比如在东欧西欧历史分流问题上，沃勒斯坦曾经解释由于波兰/东欧逐渐作为粮食生产者融入世界体系中，所以这些地方的封建主推行过二次农奴化，以加强对农业劳动者的控制和增加出口。这个论据说明，贸易/劳动分工地位可以直接影响内部的阶级关系。而布伦纳试图论证，贸易对内部阶级关系影响很小，因为波兰在二次农奴化之前的粮食贸易规模不大。而历史学家丹尼马克和托马斯在研究中仔细地分析了当时的数据，指出虽然波兰粮食出口是在二次农奴化之后才达到顶峰，但是在这之前就已经开始显著增长，因此很有可能国内生产关系受到了贸易的影响。②

第三，布伦纳有很强的欧洲/西方中心主义的倾向，他基本没有论及殖民主义以及其对被殖民地区生产关系的影响。他看重的中世纪晚期英格兰的一些历史因素，比如人身依附减少、货币地租、农民斗争等，其实在亚洲、非洲等多个地区同样存在。③ 彭慕兰虽然不用马克思主义历史研究方法，但在其著作中指出英格兰和长江三角洲地区一直到

① James Blaut, "Robert Brenner in the Tunnel of Time," *Antipode* 4（1994）：351-374.
② Robert Denemark and Kenneth Thomas, "The Brenner-Wallerstein Debate," *International Studies Quarterly* 4（1988）：47-65.
③ James Blaut, "Robert Brenner in the Tunnel of Time," *Antipode* 4（1994）：351-374.

1800 年都非常类似，但是殖民扩张和奴隶庄园使英格兰最后迈出了领先的一步。① 除此之外，尽管布伦纳宣称生产关系/阶级关系至关重要，但在他的其他论著里面，实际上表达了只有英国历史上的（甚至不包括其他西欧地区如法国）那种特定的阶级关系才能发展出资本主义。② 换句话说，因为在当时的英国，某种阶级关系和资本主义发展同时存在，所以资本主义的产生肯定是因为这种英国的阶级关系。这是一种谬误逻辑基础上的欧洲中心论。

抛开这些研究上的问题，布伦纳的文章并不仅仅是一篇学术讨论，而且是有着明确的政治意图。借助于否定贸易和劳动分工在资本主义历史发展中的作用，他进而拒绝承认当代第三世界和帝国主义国家之间的不平等交换关系，甚至鼓吹第三世界才是在贸易中获得剩余价值转移的一方。如同沃伦的文章一样，布伦纳的文章也同样拒绝了帝国主义问题的意义，并指责持反帝国主义立场的人有"一国社会主义的空想"。这里的矛头直接指向的是反帝国主义的西方左翼，但从根本上是反对马列主义的理论传统。

沃伦和布伦纳的论述产生了巨大的影响，布伦纳的文章更是成了这方面的权威论述。有意思的是，事关帝国主义如此重大的主题，在思想史上针对这些文章的批判性的回应却非常少，这本身就很能说明问题。有学者就指出，沃伦论题的影响，归根结底还是因为 1980 年以后西方政治氛围的整体转变，知识界对资本主义的批判本身就大大弱化了。③ 西方左翼对于这种消解帝国主义的分析接受得如此顺利，这又是跟西方左翼的政治传统，尤其是第二国际的长期负面影响分不开的。

从《共产党宣言》到第二国际

不管是沃伦还是布伦纳，在其写作中，都试图否定当时马克思主义

① Kenneth Pomeranz, *The Great Divergence: China, Europe, and the Making of the Modern World Economy* (Princeton: Princeton University Press, 2000).

② 可参见 Robert Brenner, "Agrarian Class Structure and Economic Development in Pre-industrial Europe," *Past & Present* 1 (1976): 30-75。

③ David Slater, "On Development Theory and the Warren Thesis: Arguments against the Predominance of Economism," *Environment and Planning D: Society and Space* 3 (1987): 263-282.

的主流，而要回归到另一种马克思主义去。他们所不喜的当时的马克思主义，正是列宁等开创，又由毛泽东等进一步发展的马列主义及其帝国主义理论。那么他们偏爱的是什么马克思主义呢？布伦纳在其文章里特别引用了《共产党宣言》里面的一段著名的论述："资产阶级，由于一切生产工具的迅速改进，由于交通的极其便利，把一切民族甚至最野蛮的民族都卷到文明中来了。它的商品的低廉价格，是它用来摧毁一切万里长城、征服野蛮人最顽强的仇外心理的重炮。它迫使一切民族——如果它们不想灭亡的话——采用资产阶级的生产方式；它迫使它们在自己那里推行所谓文明，即变成资产者。一句话，它按照自己的面貌为自己创造出一个世界。"①

马克思和恩格斯的这段话，无疑表达了他们在 1848 年对资本主义推动整个世界进步的革命性作用的乐观看法。马克思在相当长的时间里，对殖民主义和资本主义的历史意义是表示肯定的。比如在印度问题上，他说："……英国则破坏了印度社会的整个结构，而且至今还没有任何重新改建印度社会的意思。印度失掉了他的旧世界而没有获得一个新世界，这就使它的居民现在所遭受的灾难具有了一种特殊的悲惨的色彩，并且使不列颠统治下的印度斯坦同自己的全部古代传统，同自己的全部历史，断绝了联系。"但是与此同时他也略带希望地说："英国不管是干出了多大的罪行，它在造成这个革命的时候毕竟是充当了历史的不自觉的工具。"②

这种对资本主义的乐观态度在当时很可能是恰当的。正如列宁所总结的："1789—1871 年这个时代是进步的资本主义的时代，当时摆在历史日程上的是推翻封建制度、专制制度，摆脱外国奴役。"而到了 1871 年后，资本主义过渡到帝国主义阶段后，就已经成了"成熟的、而且过度成熟的资本主义时代"。③ 社会学家安德森指出，从 19 世纪 50 年代后期开始，尤其是在巴黎公社失败之后，马克思开始更多地探索西欧、

---

① 马克思、恩格斯：《共产党宣言》，《马克思恩格斯全集》第二卷，人民出版社，2020，第 3~67 页。
② 马克思：《不列颠在印度的统治》，《马克思恩格斯全集》第二卷，人民出版社，2020，第 677~684 页。
③ 列宁：《机会主义与第二国际的破产》，《列宁全集》第二十七卷（第二版）人民出版社，1990，第 117~130 页。

北美之外的社会主义革命潜力。① 在他著名的给查苏利奇的信里，马克思就表示俄国农村的公社可以成为"俄国社会新生的支点"。② 在这里，马克思跟欧洲中心主义以及布伦纳们划清了界限。在恩格斯 1882 年给考茨基的信里，他也说："至于这些国家要经过哪些社会和政治发展阶段才能同样达到社会主义的组织，我认为我们今天只能作一些相当空泛的假设。不过有一点是肯定的：胜利了的无产阶级不能强迫任何异族人民接受任何替他们造福的办法，否则就会断送自己的胜利。当然，这决不排除各种各样的自卫战争。"③

更重要的是，马克思和恩格斯从早期就已经在有意识地辩证地看待历史，以及在探索革命的过程中研究工人贵族和欧洲内部薄弱环节的问题。这从他们在共产主义者同盟的工作就可以看出一点来。根据恩格斯晚年的回忆，共产主义者同盟主要成员是德国移民工人和手艺人。这里面值得提到的是，尽管设立在伦敦，但是共产主义者同盟并没有基于英国工人和工会。④ 实际上，资本主义最发达的英国并没有产生共产主义工人运动。在写下《共产党宣言》的时候，马克思和恩格斯把社会进步的希望寄托在了当时不发达而且尚未统一的德国身上："共产党人把自己的主要注意力集中在德国，因为德国正处在资产阶级革命的前夜，因为同 17 世纪的英国和 18 世纪的法国相比，德国将在整个欧洲文明更进步的条件下，拥有发展得多的无产阶级云实现这个变革，因而德国的资产阶级革命只能是无产阶级革命的直接序幕。"⑤

英国的工人阶级，尽管有悠久的历史和相对发达的物质条件，却并没能承担起推动社会主义的任务。在他 1870 年的信里，马克思就观察到由于英国拥有海外附属国如爱尔兰，以及英国工人和资产阶级之间形

① Kevin Anderson, *Marx at the Margins: On Nationalism, Ethnicity, and Non-western Societies* (Chicago: University of Chicago Press, 2010).

② 《马克思致维拉·伊万诺夫娜·查苏利奇》，《马克思恩格斯全集》第三十五卷，人民出版社，1971，第 160 页。

③ 《恩格斯致卡尔·考茨基（1882 年 9 月 12 日）》，《马克思恩格斯全集》第三十五卷，人民出版社，1971，第 353 页。

④ 恩格斯：《关于共产主义者同盟的历史》，《马克思恩格斯全集》第二十一卷，人民出版社，1965，第 241~261 页。

⑤ 马克思、恩格斯：《共产党宣言》，《马克思恩格斯选集》第一卷，人民出版社，1972，第 285 页。

成的种族主义的同盟，英国工人的革命潜力受到了严重的限制。用他的话说："普通的英国工人憎恨爱尔兰工人，把他们看做会使自己的生活水平降低的竞争者。英国工人觉得自己对爱尔兰工人来说是统治民族的一分子……这种对立就是英国工人阶级虽有自己的组织但没有力量的秘密所在。这就是资本家阶级能够保存它的势力的秘密所在。"①

如果说这种殖民宗主国的身份认同在早期更多的是一种歧视和偏见，在后期随着帝国主义和工人贵族的出现，则是实实在在地获得了更多的物质基础。在19世纪后期出现的长期繁荣，工会的合法发展，实际工资和劳动条件的改善，以及选举权的逐步铺开，都加强了帝国主义国家内部工人组织与资产阶级的政治同盟。帝国主义国家的工人开始能分享一小部分帝国主义从第三世界盘剥来的超额利润。

当恩格斯在1892年写下他的名著《英国工人阶级状况》的新版序言时，他记述了从1845年此书出版以后出现的一系列变化。他观察到工人阶级里面的工厂工人和工会成员的境遇都得到了长期性的改善。②恩格斯以此来解释他们在政治上的保守性："他们形成了工人阶级中的贵族；他们为自己争到了比较舒适的地位，于是就认为万事大吉了。"也正是因为这样，恩格斯在1883年给倍倍尔的信里面，强烈地否定了英国的革命潜力。他说："如果有人告诉你，在英国正在展开真正的无产阶级运动，你千万不要相信。"因为，"只有当工人感到英国的世界垄断地位被打破时，一个真正普遍的工人运动才会在这里兴起"。即使英国工人从帝国主义里面拿到的好处可能有限，"参与世界市场的统治，过去是而且现在依然是英国工人在政治上消极无为的经济基础"。③因此英国工人阶级就变成了资产阶级的尾巴以谋求一点"小恩小惠"。

这些分析为列宁后来发展出帝国主义和薄弱环节的理论奠定了基础。如果说，在马克思、恩格斯的年代，德国社会民主党长期秉持马克思主义立场。那么到了德国逐渐成为一个主要的帝国主义势力之后，德

---

① 《马克思致齐·迈耶尔和奥·福格特（1870年4月9日）》，《马克思恩格斯选集》第四卷，人民出版社，1972，第380页。

② 恩格斯：《〈英国工人阶级状况〉1892年德文第二版序言》，《马克思恩格斯选集》第四卷，人民出版社，1972，第281页。

③ 恩格斯：《致奥古斯特·倍倍尔（1883年8月30日）》，《马克思恩格斯全集》第三十六卷，人民出版社，1975，第59~60页。

国社会民主党自身也开始大幅退步。

在相当长的一段时期里，德国社会民主党不重视革命理论建设，而是宣传一种简单的资本主义崩溃论，并认为社会主义的到来是自然而然的，而党的领导层如倍倍尔和考茨基则满足于在国会拿到更多的席位。① 随着德国帝国主义出现了一时的繁荣，党内的工联分子鼓吹改良主义，并逐渐占据主流。② 社会民主党内也不谈马克思主义教育，虽然越来越多的人给社会主义投票，但是大部分党员都已经对研究社会主义丧失兴趣。社会民主党的基层党员一方面在物质生活上逐渐获得改善，另一方面在思想上又主要从资产阶级新闻、殖民主义的探险和战争传奇故事中获得营养。③ 这些都是社会民主党逐步腐化的迹象。

著名的修正主义理论家伯恩斯坦就是社会民主党在国会的长期代表，他的观点至少代表了党内的右翼。伯恩斯坦一度把帝国主义看作一种新的，不同于资本主义而且是进步的东西；哪怕到了第一次世界大战前夕，尽管承认帝国主义跟一些资产阶级利益相关，他仍然认为帝国主义基本上是进步的。④ 在伯恩斯坦的眼里，英国的帝国主义是民主的，所以值得肯定和模仿，而不民主的德国帝国主义则是反动和危险的。⑤ 正是这位伯恩斯坦鼓吹一种所谓社会主义殖民政策，并在1907年第二国际的斯图加特大会上引发了重要的争论。

1907年的斯图加特大会在国际工人运动历史上占有重要地位。列宁赞扬了这次大会的广泛代表性：884位代表来自五大洲的25个民族。⑥ 列宁认为，这次大会"标志着第二国际已经完全巩固，标志着国际代表大会已经变为解决实际问题的会议，对全世界社会主义运动的性质和方向

---

① Roger Fletcher, *Revisionism and Empire: Socialist Imperialism in Germany 1897-1914* (London: George Allen & Unwin, 1984), p. 14.

② Carl Schorske, *German Social Democracy, 1905-1917: The Development of the Great Schism* (Cambridge: Harvard University Press, 1983), pp. 15, 26-27.

③ Fletcher 1984, pp. 30-4; John Short, "Everyman's Colonial Library: Imperialism and Working-Class Readers in Leipzig, 1890-1914," *German History* 4 (2003): 445-475.

④ Fletcher 1984, p. 155.

⑤ Fletcher 1984, p. 157.

⑥ 《斯图加特国际社会党代表大会》，《列宁全集》第十六卷，人民出版社，1988，第64页。

正在产生极其重大的影响"①。但是列宁也指出一个"令人痛心的现象",就是德国社会民主党"动摇不定或者说采取了机会主义的立场"。②

参加这次第二国际大会的德国代表有非常鲜明的保守和修正主义特点,而且总体上整个西欧的代表都是如此。支持殖民主义的代表包括荷兰的万科尔以及德国的伯恩斯坦和大卫,这些人主导了讨论殖民主义的委员会。③他们的多数派提案认为,帝国主义国家的工人从殖民地获得的好处被夸大了,并且大会不应该在原则上否定殖民主义,因为殖民也可以传播文明。这无疑是对社会主义原则的背叛,而且已经可以看到很久之后沃伦和布伦纳的论述的部分雏形了。对此,列宁评论道:"社会主义从来不反对在殖民地也要进行改良,但是这同削弱我们反对对其他民族征服、奴役、施加暴力和进行掠夺的'殖民政策'这一原则立场,没有也不应有丝毫共同之处。"④

颇能说明问题的是,在斯图加特大会上最后表决关于殖民地问题时,代表的民族国家身份发挥了强烈的作用。德国代表团全票赞成支持殖民主义的提案,而法国、英国和意大利代表团则支持反对各占一半。⑤在大会上,是靠了非殖民国家的代表投票,原本的少数派提案才成为大会最终决议,而且领先的不多,127票反对殖民主义,108票支持殖民主义。⑥

德国社会民主党和其他西欧社会主义党派的右转在这次大会后继续发展,区区几年后,这些党派就彻底背叛了马克思主义而决定支持第一次世界大战,而第二国际及其理论也在实质上破产了。

从这段共运史的回述中,我们可以看到,从马克思、恩格斯到列宁,在长期寻找革命突破口的过程中,逐渐形成了列宁主义的洞见,即

---

① 《斯图加特国际社会党代表大会》,《列宁全集》第十六卷,人民出版社,1988,第64页。
② 《斯图加特国际社会党代表大会》,《列宁全集》第十六卷,人民出版社,1988,第67页。
③ 《斯图加特国际社会党代表大会》,《列宁全集》第十六卷,人民出版社,1988,第68~69页。Schorske 1983, p. 84.
④ 《斯图加特国际社会党代表大会》,《列宁全集》第十六卷,人民出版社,1988,第69页。
⑤ Schorske 1983, pp. 84-85.
⑥ Schorske 1983, pp. 84-85.

由于帝国主义和工人贵族的存在，新社会并不会从工人政治趋于保守的资本主义的中心（即后来的帝国主义国家）首先产生。实际上的社会主义革命是从欧洲的落后地区（俄国）以及世界上更广大的落后国家（如中国）发起的。如列宁在1913年所精辟总结的，与表面的发达程度恰恰相反，从推动人类社会进步的角度说，欧洲是落后的，而亚洲是先进的。马列主义在20世纪的全世界反帝国主义斗争中发挥了根本性的作用，从共产国际的年代一直到二战后亚非拉国家纷纷独立，西方左翼的主流大致是跟随马列主义的，但是第二国际政治的实际物质基础即帝国主义仍然存在。到了上文提到的70年代之后，旧的第二国际式的政治重新登上了舞台。

新帝国主义话语的兴起与中国问题

如前文所述，帝国主义问题从20世纪70年代以后基本上从西方左翼的视野中淡出。然而，从21世纪初开始，尤其是在最近的全球经济危机之后，西方舆论中重新兴起对帝国主义的讨论，并有一系列重要著作出版。但是一些著名的西方左翼学者，包括安东尼奥·奈格里、迈克·哈特以及大卫·哈维，却延续了第二国际的传统来继续模糊消解马列主义传统。

奈格里和哈特在21世纪初发表了影响力颇大的著作《帝国》。① 在这本书里，两位作者声称，帝国主义实际上给资本套上了"紧身衣"，所以资本最终需要超越帝国主义并消灭帝国主义与非帝国主义国家之间的区别。② 这个论断无非是说资本主义已经越过了帝国主义阶段，实际上是伯恩斯坦/沃伦/布伦纳观点的翻版，在作者的分析里，取代帝国主义的是所谓帝国，即一个水平而且去中心的世界资本主义。③《每月评论》主编福斯特曾经犀利地评论道，奈格里和哈特的书是一个左翼版本的"历史终结论"，把美国的外交政策用马克思主义和后现代的语言包装起来了。④

① 以下论述按照英文原版。
② Antonio Negri and Michael Hardt, *Empire* (Cambridge: Harvard University Press, 2000), p. 234.
③ Hardt and Negri, 2000, p. xii.
④ John Bellamy Foster, "Late Imperialism: Fifty Years after Harry Magdoff's *The Age of Imperialism*," *Monthly Review* 3 (2019): 1-19.

在《帝国》一书中，两位作者重新诠释了列宁和考茨基关于帝国主义的辩论，并得出结论说考茨基的超帝国主义理论是与马克思的观点更契合的。① 他们甚至声称列宁在实质上同意考茨基的超帝国主义理论，而两人的区别只在于列宁选择了不同的应对超帝国主义的政治方案。② 在奈格里和哈特看来，列宁自己的作品里面就已经暗示了，世界的前途要么是世界共产主义革命，要么是帝国（实际上就是超帝国主义的另一种说法）。按照这种解释说下去，既然列宁已经同意世界的未来是某种稳定的全球化资本主义，那么之后的革命行动就成了一种带有绝望意味的反抗。实际上如何呢？1915 年列宁在给布哈林的帝国主义论著写序言的时候，他还没有完成自己的全面的关于帝国主义的分析，所以列宁在当时还不能对所谓超帝国主义理论进行彻底的批判，但是他仍然鲜明地指出这种超帝国主义的想象在政治实践中意味着机会主义，意味着逃避现实的帝国主义问题。③ 1916 年，他完成了《帝国主义是资本主义的最高阶段》一书，在其中列宁明确地表示，因为资本主义发展的不平衡性以及相对力量的消长，从根本上说任何稳定的帝国主义结盟都是不可能的，也就是否认了超帝国主义的可能性。④

在其一系列著作中，大卫·哈维提出了另一种类似的论点。在哈维的论述里，帝国主义可能还继续存在，从外围到中心的剩余转移也可能发生，但是中心国家/帝国主义的范围却是高度变化的，要么是帝国主义集团会不断吸纳新的成员，要么是资本主义发展甚至能够使中心外围的关系发生逆转。比如，哈维相信在过去的几十年里，净财富的转移方向已经不再是从东方到西方，从总的方面来说，而是从西方转移到东方。⑤ 帝国主义问题研究专家史密斯在近年著有影响广泛的《21 世纪帝国主义》一书，他跟哈维曾经有一场论战，史密斯认为哈维实质上是否

① Hardt and Negrt, 2000, p. 461.

② Hardt and Negrt, 2000, p. 230.

③ 《为尼·布哈林〈世界经济和帝国主义〉一书写的序言》，《列宁全集》第二十七卷，人民出版社，1990，第140~145页。

④ 列宁：《帝国主义是资本主义的最高阶段》，《列宁全集》第二十七卷，人民出版社，1990，第323~439页。

⑤ David Harvey, "Realities on the Ground: David Harvey replies to John Smith," *Review of African Political Economy* website, 2018, http://roape.net/2018/02/05/realities-ground-david-harvey-replies-john-smith, accessed Oct. 1, 2020.

认了帝国主义的存在。① 在对史密斯的回应中，哈维则指责史密斯所秉持的"传统（固定和僵化）"马克思主义帝国主义理论不足以理解当代资本主义的复杂性。② 然而，哈维所谓新分析把帝国主义与贸易顺差或者经济快速增长等同起来，这是颇为浅薄和不科学的。帝国主义本身并不一定就对应于生产或者出口的增长，而是描述了一种资本主义世界内部的等级关系。就如我们所熟知的，殖民地或者外围经济体（如遍布奴隶种植园的加勒比地区）在历史上也能有大量的出口，收入也颇高。从经济增长上说，在 1850 年到 1900 年，也大略是在帝国主义兴起的时期，波兰和智利这类国家能实现大约人均收入每年增长 2%，这基本上是同时期英国和法国相应指标的两倍。③ 很显然，靠这些指标来判断加勒比地区国家或者波兰、智利在当时是帝国主义是荒谬的。

哈维把帝国主义定义为一个结合了地域型政治统治与资本主义在时间和空间维度扩张的矛盾体。④ 这个定义的前一半指的是一种抽象而形而上的"地域逻辑"，而后一半则描述了一种扩散主义式的对资本主义的理解，也就是认为资本主义不断地在进行水平的扩张。值得指出的是，在哈维的定义里面，丝毫没有提到资本主义内部的等级，没有提到中心和外围的区别以及剩余价值的国际转移。这种似乎处于某种平坦世界的流动性的资本主义，其实质与之前提到的沃伦/布伦纳以及更早的第二国际理论家们的观点是等同的。从这个理解出发，哈维把任何工业生产中心的转移都视作帝国主义的转移就不奇怪了。史密斯指出，哈维在 20 世纪 90 年代早期就已经开始谈论世界权力正在转移到印度、埃及和匈牙利之类的新工业化国家，而到了近些年，随着中国的崛起，哈维

---

① John Smith, *Imperialism in the Twenty-first Century: Globalization, Super-exploitation, and Capitalism's Final Crisis* (New York: Monthly Review Press, 2016); John Smith, "David Harvey Denies Imperialism," *Review of African Political Economy*, website, 2018, http://roape. net/2018/01/10/david-harvey-denies-imperialism/, accessed Oct. 1, 2020.

② David Harvey, "Realities on the Ground: David Harvey replies to John Smith," *Review of African Political Economy*, website, 2018, http://roape. net/2018/02/05/realities-ground-david-harvey-replies-john-smith, accessed Oct. 1, 2020.

③ 此处计算基于 Maddison Project Database, version 2018 by Jutta Bolt, Robert Inklaar, Herman de Jong and Jan Luiten van Zanden。

④ David Harvey, *The New Imperialism* (New York: Oxford University Press, 2003), p. 26.

就开始谈论东亚，或者所谓中国的"帝国主义崛起"了。①

实际上，在最近这些年，西方有大量讨论（自然包括哈维的）或直接或间接地把中国视作一个新兴的甚至是能与美国比肩的"帝国主义势力"。在很多美国的保守派和自由派言论里，包括左翼学者那里，对抗所谓中国帝国主义甚至已经成了某种默认的共识。极为讽刺的是，直接参与制定帝国主义外交政策的美国国务部门也把帝国主义作为中国的一个罪状来写。这种奇特的左右共识，本身就是20世纪70年代以后西方左翼否定马列主义传统，复辟第二国际路线，导致在帝国主义问题上认识扭曲、理论混乱的直接结果。

中国长期属于第三世界，一直被归类为发展中国家，无论拿哪个指标来衡量，中国都跟帝国主义相距甚远。从国际贸易里面不平等交换的视角来看，中国总体上长期有相当数量的劳动价值通过全球产业链被转移到了发达国家。根据有关学者测算，中国的单位劳动成本长期维持在美国单位劳动成本的40%左右。② 从全球产业分工来说，中国可以算作世界体系中的半外围经济体。从对外资本投资的角度来看，中国的对外直接投资在2019年仅占本国资本形成数额的1.9%，这不仅低于世界平均值6%，也低于发展中经济体平均值3.5%。③ 这说明，对外资本投资在中国经济格局中远远不占有关键地位。而且一大半的境外直接投资都投往了香港和一些避税港，这里面有些可能实际是资本外逃，有些可能则变成外资身份重新回到国内。④ 虽然中国积累了可观的海外资产，但是外汇储备占了相当一部分，这些储备并没有实际赋予中国在美国等经济金融市场领域的话语权。

尽管中国实现了长期高速经济增长，但是这些成绩是靠中国劳动者

---

① John Smith, "David Harvey Denies Imperialism," *Review of African Political Economy* website, 2018, http://roape.net/2018/01/10/david-harvey-denies-imperialism/, accessed Oct. 1, 2020.

② Intan Suwandi, R. Jamil Jonna, and John Bellamy Foster, "Global Commodity Chains and The New Imperialism," *Monthly Review* 10 (2019): 1-24.

③ World Investment Report 2020, *The United Nations Conference on Trade and Development*, unctad.org.

④ Minqi Li, "China: Imperialism or Semi-Periphery?" working paper, Department of Economics, University of Utah (2020).

的艰辛劳动换来的，而不是靠军事霸权、货币霸权或对关键材料和科技的垄断。西方资产阶级对所谓中国帝国主义的宣传，是为了模糊世界人民的关注焦点，来掩盖帝国主义对第三世界的盘剥。而西方左翼轻易地接受了这样的宣传，从理论上说，是因为否定了马列主义的帝国主义理论。而由如大卫·哈维这样有影响力的学者发展出的"新"帝国主义理论，实际上就是更新版的第二国际理论。在这样的理论武装下的知识分子难以区分反帝国主义的斗争和帝国主义之间的内斗。在这样的情况下，历史上长期影响西方左翼的机会主义和保守主义的意识形态就不可避免地更加发挥影响。

第二国际路线的回归

在马列主义的帝国主义理论视野下，帝国主义的盘剥和剩余价值转移使得帝国主义/中心国家的社会矛盾得到一定缓和，而使得非帝国主义/外围国家的社会问题在资本主义条件下难以得到解决。在这个历史及理论意义上，第三世界国家没有资本主义改良的历史空间，而只有社会主义这一条可行的出路。中国就是身处其中，又坚持探索自己道路的一个典范，这其实也就是世界资本主义体系的薄弱链条。在这样的地方，人民反对美帝国主义的打压封锁，是对进步的要求，而不能同所谓大国沙文主义和纯粹的争霸等同。

当很多西方左翼抛弃了马列主义的帝国主义理论之后，资本主义就已经不是列宁说的腐朽寄生性的生产模式了，而似乎成了某种可以永生的充满活力的体系。他们也就无法如列宁和毛泽东那样从第三世界发现新社会的可能性。既然资本主义如此强韧，而看起来社会主义在全世界胜利又遥遥无期，那么第二国际政治路线就自然地出现了回归。

当代的第二国际政治包含了两种互相配合的思路。第一，给定资本主义的长期存在，这种思考认为世界进步的可能性在于发展更好的资本主义。这里的"更好"常常指的是个人自由、多党制、产权保护以及其他在中心国家一般能观察到的特点。当"进步"本身（再一次）被定义为一个国家在多大程度上能够复制美国/西欧资本主义的时候，西方左翼很快就能跟帝国主义政府站在一起，来攻击那些所谓低人权的第三世界国家。就如第二国际的理论家们从原则上并不反对殖民主义和帝国主义一样，今天的西方左翼有相当一部分从原则上不反对西方对第三世界国家的制裁和颠覆活动。对于这些人来说，主要的问题不是怎么消灭资本主义，发展社会主义，而是怎么消灭所谓"威权资本主义"，这个词其实就是过去"不文明社会"的当代翻译罢了。

第二，如果帝国主义也是一个强大的没有不可调和矛盾的体系，那么我们就将长期处于帝国主义时代（或者是所谓超帝国主义时代）。在看不到真正出路的条件下，西方左翼的目标就自然成为追求更好的帝国主义。就如伯恩斯坦曾经特地区分过好的帝国主义和坏的帝国主义一样，当代学者大卫·哈维也寄希望于一种更好的帝国主义。就如哈维在其著作《新帝国主义》中所述，尽管还有更激进的答案，就现在而言，争取一个美国和欧洲主导的国内和国际的新政已经足够了。哈维认为，这种（温和帝国主义）方案要比那些新保守主义者提出的帝国主义方案和平仁慈得多。① 哈维的保守主义在这之后越发明确，他在 2019 年的一次访谈中甚至表态说，资本已经力量太大了，消灭资本积累已经是我们无法承受的了，因为一旦现有的资本流通被停止，世界上 80% 的人口都得遭受饥荒之苦。他进一步说，19 世纪社会主义者、共产主义者曾有过的那种推翻资本主义，建设新社会的想法不过是一种幻想，在当代是绝不可能的。② 这样的否定社会主义的人物，在西方左翼里却备受推崇，成了所谓马克思主义权威，当代西方左翼的思想状况可见一斑。

在第二国际路线主导了西方左翼包括一部分中间偏左的自由派的情况下，西方进步阵营对美帝国主义的反抗是极为无力的。这一点在近些年美国打压中国的事情上表现得很清楚。美国右翼以及主流大肆宣传所谓中国对世界的威胁。利用根深蒂固的种族主义和反共历史积累，美国主流的宣传把中国塑造成了敌人，腐蚀了美国的劳动群众。而很多左翼人士也是全盘接受这种宣传，认为至少不能支持中国帝国主义。由此，第二国际路线催生了今天我们能看到的跨越左右的反中国神圣同盟。文章开头提到的印度学者帕特奈克在他 1990 年的文章中有一个警告，他说帝国主义问题的消解只会加强全世界的右翼势力，而且会激发种族主

---

① Harvey 2003，pp. 210-211.

② 哈维的访谈记录见此：David Harvey，"Anti-Capitalist Chronicles：Global Unrest，" https：//www. democracyatwork. info/acc_global_unrest，2021 年 1 月 1 日。

义、原教旨主义和排外运动。在我们步入 21 世纪 20 年代的当代，这些预见显得越发重要。

总结来说，西方左翼在 70 年代以后围绕帝国主义问题经历了巨大的转向，如今正处在一个历史节点。如果不能跟历史上的反帝传统重新建立联系，如果不能对当代帝国主义问题有实事求是的分析，那么在未来的日子里西方左翼就可能会越发脱离社会主义的革命传统。① 是追随马列主义，还是追随第二国际，这是西方左翼接下来面临的关键问题。

The Question of Imperialism and the Historic Turn of the Western Left

Abstract：The question of imperialism has lost its significance among left-leaning Western intellectuals in recent decades. Although the Western left remains critical on domestic issues, it often comes into de facto agreement with the Western imperialist forces regarding the question of China and other global issues. Many popular left arguments are very much against the Marxist-Leninist tradition and even deny the existence of the imperialist order. In this article, I review the political and socio-economic basis of such a dramatic turn in the context of the history of capitalism and Marxist thought. I highlight the cases of leading left intellectuals such as Robert Brenner and David Harvey to analyze the political consequences of such changes and argue that this historic turn implies the return of the geopolitics of the Second International.

Keywords：Imperialism；Marxism-Leninism；the Second International

---

① 对于第三世界的左翼和进步政党来说，挑战也一样存在，比如如何以马克思主义的，而不是以历史虚无主义的视角看待革命历史和当代史。

边疆研究：从区域到空间[*]

唐晓峰 发言　姜治齐 整理^{**}

　　首先，非常荣幸参与本次会议。但是我也感到十分惶恐，因为我本人并不是专门做边疆研究的。然而现在已经是过河的卒子没办法，所以今天我就从地理学的角度讲一些自己的粗浅的想法供大家批评指正。

　　先从一个轻松的事情说起。不知道大家是否知道，最近在呼和浩特北部，阴山中段大青山顶部有重大的考古发现，这里发现了北魏时期的祭祀遗址。对这样一个北魏祭祀遗址，如果运用"空间"这个地理学概念，便可以称为"阴山上的祭祀空间"。在地理学的意义上，"空间"的提出即是对某一个地理位置、地理区域的一种解读，赋予其一种性质。现在，考古学发现成果的不断涌现，使我们对阴山的"空间"理解不断丰富。这处祭祀遗址是当年北魏祭天的祭坛。这种祭天仪式是十分具有内地色彩的，却选择在阴山上举行。这一新考古发现无疑改变了我们把阴山简单作为边疆的传统看法。而随着以后阴山考古发现的增加，我们对阴山的"空间"性质的理解也一定会不断刷新，不断丰富。

　　下面，我介绍两个地理学概念："区域"与"空间"。首先，"区域"是一个地表被分隔出来的综合体，关注的是多种地理要素的结合方

　　*　本文根据 2021 年清华大学文科高研所学术会议"边疆：流动的历史空间"的主旨发言及圆桌对谈整理而成。

　**　唐晓峰，北京大学城市与环境学院历史地理研究中心教授。
　　　姜治齐，清华大学人文学院历史系博士研究生。

式。而"空间"是特定行为造成的场域，这一场域可以跟"区域"吻合，也可以不吻合，它最终指向某种行为机制。另外，在研究中，"区域"对应的是方志学，务在分门别类，面面俱到；而"空间"则对应行为地理学，含有某种主题。我们拿历史学与地理学做一个类比，我们知道历史学首先关注事实的完整性，并在此基础上进行各种视角的多样性解读；而对应到地理学上，我们关注的便是区域的完整性和在此基础上的空间形态的多样性。我们可以举一些身边随处可见的例子。比如说篮球场，修建篮球场，目的非常清晰，是要打造出一个体育活动空间，但是在其建成后，我们也可以在篮球场上开会、跳广场舞或进行各种其他活动，那么这个篮球场的空间性质就随着人们行为的变化不断变化，可以是工作空间、娱乐空间。所以"区域"与"空间"的对应关系丰富多变。

因而，"空间"实际上并不"空旷"，"空间"是特定行为创造的具有主题特征的场域，这一场域对应着特定的行为机制。物理意义上的空间不是社会创造的，然而"空间性"却是社会创造的。美国有一位历史地理学家将波士顿、费城、芝加哥和圣路易斯"四点"构成的"平行四边形"称为美国历史上推动美国文化发展的核心区，这样一个"平行四边形"无法用传统的方志式的区域概念来加以描述，而如果用"空间"这一概念，便非常易于理解了。

另外，由于"空间"是由人的行为活动所决定的，因而"空间"是有突破性、创造性、跨区域性的，并不受"区域"的限定。人们可以在不同的区域间创造出同一性质的空间形态，比如我们研究北京的历史地理，发现燕国的政治核心空间在北京到河北易县之间，北京是其上都，易县为其下都，中间还有一个"中都"。这三个都城共同构成了燕国政治核心空间。而根据考古发现，这一区域可能还包括房山琉璃河地区。琉璃河地区是燕国祖先的墓葬区，而燕国的"中都"很可能是为了配合琉璃河祖先墓地而特意设置的。那么这一跨度很大的燕国政治核心区，用"空间"概念来进行观察，就非常易于理解。还有，中国传统上把五岳作为华夏主体区域的重要标志，北魏孝文帝之所以一定要把都城迁移到洛阳，原因之一就是在其观念里，都城在五岳之内才算华夏正统。五岳这个范围，用"空间"来概括就比较好。类似的案例还有很多，比如我们熟悉的元大都和元上都、清朝的北京和避暑山庄、周朝的洛邑与宗周。毫无疑问，"空间"概念的提出将帮助我们把握人类依托地面所形成的重要社会表达，对特定的空间进行识别将极大丰富我们对人类活动丰富性与复杂性的认识。

对应到边疆问题，如果我们只把边疆理解为区域，我们很容易将之静态化、固化、恒定化；而如果我们将之看作行为空间，边疆地带就变得富含变异并具有主题的丰富性。我们必须认识到，自然地理边界不直接等同于边疆，中国内地的自然地理边界非常多，却不是边疆地带。实际上，边界并不一定是我们今天要讲的边疆，比如胡焕庸线是一个边界，但我们不能说它标识了一个边疆，因为这一地带缺乏最为关键的行为机制。如果有一天我们在胡焕庸线地带识别出了一种特殊的行为机制，那我们可以称之为某种边疆，但依然不是民族边疆。

近来，我在阅读西方环境史研究时，看到一种很有意思的看法。一位欧洲古代思想家指出，"对立推动秩序的建立"。放到今天，我认为这句话仍然富有生命力。我们不要害怕对立，对立中实际上充满了建设的潜力，它推动着秩序的形成。任何一种秩序，其早期必然充斥着对立。因而比起边疆充满对立的表象，更具有研究价值的是，边疆会推出怎样的秩序。秩序就是机制，甚至是制度，因而边疆的对立中蕴含着制度变迁、社会进步的巨大可能性。就中国历史而言，我们可以郡县制为例。郡县制并非诞生于先秦封国的核心地区，而是诞生于充满对立的边地。再比如，中国历史上"一国两制"的较早践行者是辽太宗耶律德光。他提出"因俗而治"，"以国制治契丹，以汉制待汉人"。这种"一国两制"的治理思路在辽代都城的行政空间划分上有非常明显的体现。以辽上京为例，辽上京分契丹区与汉人区，北面为契丹区，大帐林立，南面为汉人区，街巷交错，在景观上有非常明显的区别。与之类似的，元朝皇帝在大都与上都两个不同都城间不停地巡移，以达到对南北的有效统治，即使元大都内部也有类似的"两制"色彩，元上都则充满北方色彩。到了清朝，"满城"的设立也是这一思路的继续延伸。我们知道清代北京就是一城两制，北京城的北部内城是旗人区，南部外城是非旗人区，北部的八旗军以五行相克的原理分别镇守不同方位。这种制度推广到全国就产生了清代的"满城"。清廷为了便于统治地方，在全国各地重要地段都设置了八旗军驻地，"隐然有虎豹在山之势"。这些驻地往往建有城池，故称满城。满城有的建在城中，如西安、南京等地，也有另择地单建一座小城者，如绥远、青州等地。按照"满汉分畛"的原则，满城自治自立，里面有驻防的八旗官兵及其眷属。鲁迅少时在南京水师学堂求学，曾遭遇满城孩子欺辱。可以看到，这种边疆行为机制一直扩散到了全国。因而，边疆这一特殊空间实际上非常复杂，它是开放的，充满创造性，又兼具辐射性。

边疆空间性的形成与消解正是围绕着历史中复杂的人类活动和政治实践展开的。以北京地区为例，北京在最早的时候是边疆地带，而经过几次重大历史变迁，它的边疆性不断转换消解，最终展现为今天的样子。通过分析历史上北京地区三条人工渠道的不同性质，我们可以很好地把握这段历史。秦汉三国时期，北京小平原是城邑统领的一片农业地区，区域发展的基本趋向是强化农业社会体系。这一时期的环境利用、环境建设基本以此为目的。三国时期，刘靖建戾陵遏，开车厢渠，向东引永定河水。这条人工渠道的出现改变了这里的地表水系统。需要注意的是，车厢渠的主要作用是灌溉稻田，并不是为了解决城市用水。我们看到，这是在农业主题下进行的行为，与区域性的农业目标相吻合。在这一目标上，车厢渠是成功的，有数千顷土地获得灌溉，提高了粮食产量。开凿车厢渠这一事件更加强化了北京小平原的边地农业区域性质。

北朝开始，华北地区成为战区。北齐时期燕山南部长城的出现，强化了燕山山地的军事性质，北京小平原在这一时期具有了直接临敌防卫的军事功能。到了不久之后的隋代，北京小平原上王朝大军云集，战马嘶鸣，隋炀帝曾亲自来此誓师。为了增强北京小平原的军事基地功能，隋朝自中原向这里开凿了军事用途的永济渠，以便运送士兵和军需物资。永济渠的出现使北京小平原的对外关系发生质的变化，而这一环境系统的突破，是军事促成的。

辽金之后的事情大家都知道，北京逐渐变成了京师，成为王朝国家的帝都空间，所修建的通惠河，目的也是服务于王朝漕运。纵观北京的历史，从农业空间到军事空间再到帝都空间的转变可谓翻天覆地，而这三条人工渠道不同的修建目标也正代表了这三个时期北京边疆性的转换与消解。北京空间性质变化的实例表明，对于任何区域（包括边疆地带）的认识，须伴随其中变动的社会行为而识别其复杂的空间性。

我们再看一下最开始提到的阴山地带。在阴山山地中曾发现盛行在中原地区的新石器庙底沟二期文化的遗址，这个文化居然延伸发展到阴山地带，这是很难想象得到的。阴山地区在远古时期是另一番景象。我曾在大青山下的土默川平原插队，当地流传着"想吃白面去武川"的说法，武川地处阴山的"后山"，但依然有不错的农业，小麦产量高。现在我们又在阴山之上发现了北魏时期的祭坛。这些多样的地缘状况揭示出阴山的复杂性。实际上，阴山具有内在的人文结构，而如果不了解这一结构，我们就不能很好地理解中原与北方的耦合关系（对接是单点，耦合是多点多元的）。况且，我们还并不了解阴山以北的人们对阴山的理解，这使得我们无法真实地了解阴山两侧的两个文化生态。匈奴人、蒙古人如何理解阴山？在他们的观念里山的那一边是什么？而他们如何在山的这边开展生活？我们都很不了解。这些不同的视角同样重要。总之，在"空间"概念的引领下，地缘关系、地理空间等都不应被视为简单的、静态的，而是充满人文关怀的。在边疆研究中，地理学方法的良好运用无疑能够帮助我们进一步理解边疆地带深厚的历史源流和复杂的人类活动背景，有助于我们认识边疆历史上的古今之变。

边疆研究的一个重要方面是研究边疆史，这是我们的一个重要传统。现在，众多社会科学介入之后，边疆史研究变得异常复杂。人类学（民族学）、社会学、语言学、政治学（包括地缘政治）等，都进入边疆史的研究。这表现在很多年轻学者，从不同的角度选择定位在边疆学问上，这在我年轻那个时候是不可能的。我四十多年前在内蒙古大学蒙古历史研究室工作，这是个涉及边疆研究的机构。当时很多优秀的学者都在这里，但展开研究的领域不是很多，这有当时的原因。我自己后来也是知难而退，离开边疆史的主流。今天的会很让我感慨，有一种对比，眼前年轻学者很多，各有特色，能力和眼界都让我佩服。这是一个很大的学术进步。

当然，边疆问题研究的难度系数仍然是很大的，有资料问题、语言问题，也有理论问题。说到理论问题，我们过去搞历史研究有一些理论"支点"，比如说进化论、目的论等。进化论在我们当年做历史研究中，无论深浅，都是默认的重要理论支点，现在却淡化了。现在新的理论支点是另一些，比如"正义性"判断，但正义问题在历史中是一个相对的东西，要在复杂多元的历史之中寻找清晰的正义线索并不简单。比如历史上的民族关系问题，这是边疆研究的一大议题，怎样确认一些事件的正义性，就不简单。研究边疆问题比研究内部问题更复杂，但富于争议的地方会引出新的理论。汪晖先生讲，在世界范围，边疆的很多问题是 17 世纪的时候才开始面对。这么看来，对很多大问题、大事情，要想搞清楚，一两百年可能是不够的，人类社会在发展，对其认识能力也在发展，边疆问题或许正在成为未来这一段历史的关键部分，这个苗头越来越明显。

今天谈得多的是中国民族历史边疆问题。我想把时间拉长一些，从地理认识上看，古人曾提出过一些清晰的边疆界线，比如司马迁线，就是以龙门、霍山、碣石三点形成一个界线。用司马迁的话讲，这个界线以北就是畜牧的天下了。可以说，当时的文化生态区域差异是以司马迁线为界的。到了唐代，一行和尚提出著名的"天下山河两戒"的说法。一行从星象分野的天地关系中，提出大地上的南北两条"戒线"，分别构成与"越"和"胡"的界线。虽然是地上的线，却被记载在《天文志》里。这件事影响很大，明代的王士性写《广志绎》，开篇就从一行的山河两戒说起。这些都是历史上对中国辽阔国土的一种认识方式。我觉得这些都是我们思考边界、边疆问题的历史思想背景。其表现得最激烈也最持久的是北方的民族界限。这不能说是历史包袱，而是中国的重要历史特色，需要我们不断把这些研究做细，也需要敏锐的问题意识和理论的指引。

回顾本次会议，我觉得其中潘亦迎对西南"啯噜"的研究很有意思，是抓住了边境地带的特色群体。[①] 北方也有类似的民间群体，比如驼商。驼商在整个北方都有分布，而北京曾经就是驼商东部的端点之一，他们向西可以延伸到非常远的地方。我当年在内蒙古阴山以北考察汉代长城的时候，看到基于长城遗址所形成的"边墙路"就是驼商的必经之路，由此一路向西。而驼商作为颇具北方特色的群体，他们的历

① 编者按：指的是香港理工大学中国文化学系助理教授潘亦迎的发言，题目是《清代西南地区的流动人群与政治经济转变》。本辑中收录的潘亦迎著《金川战争与流动人群治理策略之转变（1736~1795）》，正是依据此发言而成。

史是很有研究价值的。现在大家谈北京文化，很少谈驼商，但在北京的影像资料里，前门楼下总有骆驼的身影。另外，回民群体在边疆的分布也是非常重要的边疆社会历史现象。

我们研究边疆不能局限在边疆地区，这是我受到学生的一篇作业的启发。比如我们研究匈奴，不能只看匈奴在边疆地带的表现，而要研究匈奴的整体表现。我们要在了解匈奴整体面貌、正常生活的基础上，再来研究匈奴在边疆的表现。这样我们就可以看到匈奴并不是一个天天想着侵边犯塞的野蛮民族，他们也有自己的常态生活。而我们传统学术上的一个不足，就是总止步于边疆，甚至一些特别宏大的理论叙事也止步于边疆，比如唐朝的时候讲分野，即天上的星宿和大地的对应，对华夏地区对应得很全，但对"四夷"地区却不做对应，有人质疑，李淳风说就应该这样。

汪晖先生刚才讲到新疆西域问题，我感到西域研究在近代曾经是一个突破点。新疆在近代出现危机，曾引发西域研究的高潮，这让中国学者以现实主义的眼光去认真地对待边疆。现实主义意味着必须实事求是地讲每一个地方有什么民族、有什么城邑、有什么样的经济形态。对于西域新疆地区，近代关注的人很多，像谢苗诺夫这样的俄罗斯人到新疆也是非常现实的，他们要寻求俄罗斯利益的最大化。谢苗诺夫与李希霍芬、斯文赫定到新疆的动机是不一样的。斯文赫定是李希霍芬的学生，来新疆之前做了一个计划，但李希霍芬看不上。李希霍芬本来也要到新疆，如果李希霍芬到新疆来考察，他的报告不会是斯文赫定探险家式的风格，而是全面的科学家式的地质地理学报告。李希霍芬没有去成新疆的原因是当时的社会动荡，但欧洲人依然将祁连山命名为李希霍芬山。因为李希霍芬是第一个对中国地理做全面考察的外国科学家，也推动了地质地理学的开启。一件有意思的事，李希霍芬有一名中国助手，他们每到一处考察，李希霍芬去凿石头看地质，中国助手呢，钻古庙找石碑。这个中国人守着一位世界级的学者，但是一点感觉也没有。李希霍芬因而深深感慨中国旧式学者的一种特点。

回到我们的会议。本次会议的一个重要特点是东南西北全面"出击"，范围已经超过了当年拉铁摩尔的观察，而且是"跨出去"的观察。"跨出去"是今后非常需要的，值得大力提倡。

编后记

　　人的流动贯穿人类历史。人在内外边界之间的穿行不仅改变了各区域的政治、经济、社会样貌，也塑造着族群、文化、信仰、生态和边界的多重形态。在这样长期的互动和交往中，中国的内涵，以及中国与外部世界的关系，被不断形塑、不断丰富。在中华民族漫长的历史融合过程中，"边疆"不仅仅是一个对应着"中心"的概念，边疆与边疆之间、边疆与外部世界之间，都充满了复杂、多层、多方向的密切互动。正是在这种长期互动中，"中国"与"中华民族"的现代身份才得以形塑。清华大学人文与社会科学高等研究所在 2021 年举办"边疆：流动的历史空间"研讨会、2022 年举办"边疆：流动的人群"研讨会，邀请多位学者对历史、空间和人群等相关话题进行深入讨论。本辑正是受这些讨论启发而来。本辑中的各位作者从具体的历史经验出发，围绕国家、民族、边疆的政治与文化进行了相关的理论探讨。

　　都城是国家的重要政治空间，它影响人们对时政的感知，也总是见证历史的骤然变化。清华大学人文与社会科学高等研究所副教授冯乃希在《北京城的蘑菇云：明清易代之际书写天启大爆炸》一文中，通过对晚明北京奇灾的研究，重现了 17 世纪王朝政治书写中东林士人的声音如何被放大和巩固，记载和阅读异事被转置成达成政治共识和认同的重要方式。沈阳师范大学人类学研究所副教授吴世旭在《清帝东巡祭祖与东北的地方营造》中，对康熙帝的盛京祭典进行了史实梳理，揭示了在城市和国家的地理空间上满汉政治文化如何交融并接。东北作为清朝根本重地的地方意象通过仪式化的文化表演得以营造。

　　在广袤的边疆地区，人群、物资的流动往往呈现更加复杂多元的样貌，在国家的整体建设中发挥了非常重要的作用。以下三篇文章均以清代的边疆治理为主题，从战争、历法、刑律角度，提示读者边疆空间所承载的复杂的政治意涵。香港理工大学中国文化学系助理教授潘亦迎在《金川战争与流动人群治理策略之转变（1736～1795）》一文中，以乾隆时期两次金川战争的流动人群为例，探讨边疆战争如何影响内地的国家与社会互动。文章指出，到18世纪晚期，清政府已经开始改变原有的限制移民的策略，尝试通过正面扶持工矿业等政策来保证流动人群的生计与社会秩序。美国特拉华大学历史系副教授王元崇《清代中朝宗藩体系内的正朔、历书与时间》一文从时间的角度考察了清代中期朝鲜王国在尊奉清朝年号、接受中国历法的同时保有一定自主性的现象，揭示了宗藩体系向近代世界秩序转化的过程。清华大学人文与社会科学高等研究所教授宋念申在《为何金时宗必须死？——清朝与朝鲜边境空间性质的再思考》一文中，将边界视为一种社会机制，尤其强调边界地缘政治功能的丰富和独特。通过研究清廷和朝鲜王廷对人口流动现象的严格控制，文章提出边境是一种既向内又向外的"双重缓冲地"，提示了早期东亚的国家关系与地缘政治的微妙性质。

本辑同时收录了美国纽约城市大学经济学副教授许准的重要理论文章《帝国主义问题与西方左翼的历史转向》。该文对近年来西方左翼知识分子的思想状态作了深刻而具有洞见的分析：尽管他们在国内政策上仍然保持批判立场，但其中很多人在中国问题上往往与西方帝国主义势力保持默契，一方面否定现有帝国主义秩序的存在，另一方面否定马列主义的革命指导意义。该文提出，如果不能对当代帝国主义问题做出实事求是的分析，那么未来的西方左翼就有可能脱离社会主义的革命传统，陷入迷失。

本辑的最后收录了北京大学城市与环境学院历史地理研究中心唐晓峰教授在2021年"边疆：流动的历史空间"研讨会上的主旨发言《边疆研究：从区域到空间》。该文提出中国的边疆研究应该进一步启动"空间"的分析性潜力，看到边疆地带丰富的主题性，"东南西北全面'出击'"，延续边疆研究优秀的学术传统，走出新的道路。

本辑的出版经历了曲折而漫长的过程，各位作者倾力贡献了自己的思考，施越、余婧然、李杭蔚、丹娜·巴吾尔江等众多良师益友对本辑出版工作给予了大力支持、帮助和理解。正是在他们的共同努力下，才有了本辑的诞生。我们在此一并表示感谢。

征稿启事

　　《区域》是清华大学人文与社会科学高等研究所主办的综合性研究丛刊，致力于基本理论的探索和突破，其宗旨是在跨学科和跨文化的视野中探讨人文与社会科学领域的新问题、新方法和新视野。围绕"民族""国家""宗教""社会"以及其他形塑当代世界的关键话题，丛刊欢迎学者们从文学、史学、哲学、政治学、社会学、法学等各学科领域出发提出具有原创性的研究成果，也鼓励在扎实的专业研究基础上展开跨学科探索。

　　本刊每年出版两期，对所有来稿均实行严格的三审制，由责任编辑初审，同行专家双向匿名复审，主编终审。来稿请自留底稿。审稿时间一般为三个月，三个月未收到用稿通知可视为退稿。文稿请以 word 和 pdf 形式储存，并发送至本刊编辑部邮箱：remapping@ tsinghua. edu. cn。

　　来稿要求：

　　一、文章必须未曾在任何其他正式刊物和公共媒体平台刊发。

　　二、文章篇幅一般为 1 万 ~ 4 万字，需附上中英文题目、摘要、关键词（3~6 个），中文摘要约 200 字，中英文摘要内容需对应。

　　三、来稿请附作者信息，包括姓名、工作单位、职称、研究方向、联系地址、邮箱。

　　四、文章中出现的外文专门名词，如人名、地名等，除特别常见的以外，一律附上外文原文，用圆括号注明。

　　五、文章所引资料和注释必须符合规范，需准确标明作者、著作或文章名称、出版社或出版物名称、出版或发表时间、页码等。注释一律采用页下脚注形式，如①②③。

　　六、中文资料或中译本的注释一律使用汉语，参考格式如下：

1. 鲁迅:《中国小说史略》,商务印书馆,2011,第 10 页。

2. 徐秀丽:《从受援者到援助者的知识自觉》,《区域》(第 9 辑),社会科学文献出版社,2021,第 219 页。

3. 张静:《燕京社会学派因何独特?——以费孝通〈江村经济〉为例》,《社会学研究》2017 年第 1 期。

4.〔法〕米歇尔·福柯:《规训与惩罚》,刘北成、杨远婴译,三联书店,2003,第 30 页。

七、外文材料的注释一律采用外文原文,不必翻译成中文。书名与刊物名用斜体标出,文章名加引号,例如:

1. Clifford Geertz, *Agricultural Involution: The Process of Ecological Change in Indonesia*, University of California Press, 1963, p. 50.

2. Joseph Fletcher, "Integrative History: Parallels and Interconnections in the Early Modern Period, 1500-1800," *Journal of Turkish Studies* 9, 1 (1985): 37-58.

八、文章标题部分使用三号黑体,章节标题使用四号黑体,摘要部分使用小五楷体,正文部分使用五号宋体。文章英文部分均用 Times New Roman 字体。

《区域》编辑部
2022 年 11 月

图书在版编目（CIP）数据

区域. 第十二辑 / 汪晖，王中忱主编 . -- 北京：
社会科学文献出版社，2025.6. -- ISBN 978-7-5228
-4579-1

Ⅰ. C53

中国国家版本馆 CIP 数据核字第 202544RN15 号

区域（第十二辑）

主　　编／汪　晖　王中忱

出 版 人／冀祥德

责任编辑／罗卫平

责任印制／岳　阳

出　　版／社会科学文献出版社·人文分社（010）59367215
　　　　　地址：北京市北三环中路甲 29 号院华龙大厦　邮编：100029
　　　　　网址：www.ssap.com.cn
发　　行／社会科学文献出版社（010）59367028
印　　装／三河市龙林印务有限公司

规　　格／开本：787mm×1092mm　1/16
　　　　　印张：10　字数：156 千字
版　　次／2025 年 6 月第 1 版　2025 年 6 月第 1 次印刷
书　　号／ISBN 978-7-5228-4579-1
定　　价／128.00 元

读者服务电话：4008918866